PATENTE B

*Libro di teoria basato sul Codice
della Strada e sul Regolamento
di Attuazione*

INDICE

DISPOSIZIONI GENERALI

DOVERI DEL CONDUCENTE NELL'USO DELLA STRADA

☐ **DOVERI GENERALI**

Secondo l'art. 16 della **Costituzione Italiana**: «*Ogni cittadino può circolare e soggiornare liberamente in qualsiasi parte del territorio nazionale, salvo le* **limitazioni** *che la legge stabilisce in via generale per motivi di sanità o di sicurezza*».

Il **Codice della Strada** fissa i requisiti di sicurezza delle persone, nella circolazione stradale, regolando con norme e provvedimenti la circolazione dei **veicoli**, dei **pedoni** e degli **animali** sulle **strade**.

Inoltre, la **responsabilità penale** e **civile** del conducente che arreca danno a persone e cose sulla strada è disciplinata dal **Codice Penale** e del **Codice Civile**.

Tuttavia, sulla strada occorre adeguare il proprio comportamento alla **cooperazione** con gli altri utenti evitando atti di violenza, di competizione, di spavalderia, di pericolo e di vendetta. In altre parole, per essere **persone dignitose**, non basta il solo rispetto delle norme giuridiche, ma occorre **adeguare il proprio comportamento ai valori morali fondamentali come l'etica della reciprocità** che vieta di fare agli altri ciò che non si vorrebbe fosse fatto a sé stessi.

Quindi, è necessario **guidare in modo appropriato** alle caratteristiche del veicolo, della strada e del traffico osservando sia la normativa vigente e sia le **accortezze raccomandate da un buon senso civico** per **non dare vita a situazioni di pericolo o intralcio** della circolazione.

Ai fini della sicurezza stradale e miglior fluidità del traffico, la **velocità ideale** è quella mantenuta dalla maggior parte dei veicoli, nel rispetto dei limiti imposti. Maggiore sarà il pericolo o l'intralcio per la circolazione, quando maggiore è lo scostamento, in più o in meno, dalla velocità media degli altri veicoli.

□ **DIVIETI GENERALI**

Su tutte le strade (e loro pertinenze) **è proibito**:

- **Recare danno alle opere** e agli impianti che ad esse appartengono;
- **Creare circostanze di pericolo** per la circolazione stradale;
- **Gettare oggetti dai veicoli** in movimento;
- **Scaricare rifiuti**;
- **Immettersi con le ruote del veicolo sporche di fango.**

DEFINIZIONE E CLASSIFICAZIONE DELLE STRADE (ART. 2 DEL C.D.S.)

Secondo l'articolo 2 comma 1 del Codice della Strada «*Ai fini dell'applicazione delle norme del presente codice si definisce "strada" l'area ad uso pubblico destinata alla circolazione dei pedoni, dei veicoli e degli animali*». La circolazione sulla strada può essere a senso unico o a doppio senso. Inoltre, la strada può essere suddivisa in carreggiate e può avere parti riservate alla circolazione di particolari categorie di veicoli, come ad esempio piste ciclabili, corsie riservate ai mezzi pubblici, mezzi di soccorso, ecc. Secondo l'articolo 2 commi 2 e 3 del Codice della Strada, le strade sono **classificate nei seguenti tipi** e **devono avere le seguenti caratteristiche minime**:

«**A - *Autostrada*:** *strada extraurbana o urbana a carreggiate indipendenti o separate da spartitraffico invalicabile, ciascuna con almeno due corsie di marcia, eventuale banchina pavimentata a sinistra e corsia di emergenza o banchina pavimentata a destra, priva di intersezioni a raso e di accessi privati, dotata di recinzione e di sistemi di assistenza all'utente lungo l'intero tracciato, riservata alla circolazione di talune categorie di veicoli a motore e contraddistinta da appositi segnali di inizio e fine. Deve essere attrezzata con apposite aree di servizio ed aree di parcheggio, entrambe con accessi dotati di corsie di decelerazione e di accelerazione.*

B - *Strada extraurbana principale*: *strada a carreggiate indipen-*

denti o separate da spartitraffico invalicabile, ciascuna con almeno due corsie di marcia e banchina pavimentata a destra, priva di intersezioni a raso, con accessi alle proprietà laterali coordinati, contraddistinta dagli appositi segnali di inizio e fine, riservata alla circolazione di talune categorie di veicoli a motore; per eventuali altre categorie di utenti devono essere previsti opportuni spazi. Deve essere attrezzata con apposite aree di servizio, che comprendano spazi per la sosta, con accessi dotati di corsie di decelerazione e di accelerazione.

C - Strada extraurbana secondaria: strada ad unica carreggiata con almeno una corsia per senso di marcia e banchine.

D - Strada urbana di scorrimento: strada a carreggiate indipendenti o separate da spartitraffico, ciascuna con almeno due corsie di marcia, ed una eventuale corsia riservata ai mezzi pubblici, banchina pavimentata a destra e marciapiedi, con le eventuali intersezioni a raso semaforizzate; per la sosta sono previste apposite aree o fasce laterali esterne alla carreggiata, entrambe con immissioni ed uscite concentrate.

E - Strada urbana di quartiere: strada ad unica carreggiata con almeno due corsie, banchine pavimentate e marciapiedi; per la sosta sono previste aree attrezzate con apposita corsia di manovra, esterna alla carreggiata.

F - Strada locale: strada urbana od extraurbana opportunamente sistemata ai fini di cui al comma 1 non facente parte degli altri tipi di strade.

F-bis - Itinerario ciclopedonale: strada locale, urbana, extraurbana o vicinale, destinata prevalentemente alla percorrenza pedonale e ciclabile e caratterizzata da una sicurezza intrinseca a tutela dell'utenza debole della strada».

Secondo l'articolo 2 comma 6 del Codice della Strada, le strade extraurbane principali o secondarie e le strade locali **si distinguono** in: **statali, regionali, provinciali, comunali.**

DEFINIZIONI STRADALI E DI TRAFFICO (ART. 3 DEL C.D.S.)

L'articolo 3 comma 1 del Codice della Strada definisce le parti e strutture che compongono la strada nel seguente modo:

«1) *Area di intersezione*: *parte della intersezione a raso, nella quale si intersecano due o più correnti di traffico.*

2) *Area pedonale*: *zona interdetta alla circolazione dei veicoli, salvo quelli in servizio di emergenza, i velocipedi e i veicoli al servizio di persone con limitate o impedite capacità motorie, nonché eventuali deroghe per i veicoli ad emissioni zero aventi ingombro e velocità tali da poter essere assimilati ai velocipedi. In particolari situazioni i comuni possono introdurre, attraverso apposita segnalazione, ulteriori restrizioni alla circolazione su aree pedonali.*

3) *Attraversamento pedonale*: *parte della carreggiata, opportunamente segnalata ed organizzata, sulla quale i pedoni in transito dall'uno all'altro lato della strada godono della precedenza rispetto ai veicoli.*

4) *Banchina*: *parte della strada compresa tra il margine della carreggiata ed il più vicino tra i seguenti elementi longitudinali: marciapiede, spartitraffico, arginello, ciglio interno della cunetta, ciglio superiore della scarpata nei rilevati.*

5) *Braccio di intersezione*: *cfr. Ramo di intersezione.*

6) *Canalizzazione*: *insieme di apprestamenti destinato a selezionare le correnti di traffico per guidarle in determinate direzioni.*

7) Carreggiata: parte della strada destinata allo scorrimento dei veicoli; essa è composta da una o più corsie di marcia ed, in genere, è pavimentata e delimitata da strisce di margine.

8) Centro abitato: insieme di edifici, delimitato lungo le vie di accesso dagli appositi segnali di inizio e fine. Per insieme di edifici si intende un raggruppamento continuo, ancorché intervallato da strade, piazze, giardini o simili, costituito da non meno di venticinque fabbricati e da aree di uso pubblico con accessi veicolari o pedonali sulla strada.

9) Circolazione: è il movimento, la fermata e la sosta dei pedoni, dei veicoli e degli animali sulla strada.

10) Confine stradale: limite della proprietà stradale quale risulta dagli atti di acquisizione o dalle fasce di esproprio del progetto approvato; in mancanza, il confine è costituito dal ciglio esterno del fosso di guardia o della cunetta, ove esistenti, o dal piede della scarpata se la strada è in rilevato o dal ciglio superiore della scarpata se la strada è in trincea.

11) Corrente di traffico: insieme di veicoli (corrente veicolare), o pedoni (corrente pedonale), che si muovono su una strada nello stesso senso di marcia su una o più file parallele, seguendo una determinata traiettoria.

12) Corsia: parte longitudinale della strada di larghezza idonea a permettere il transito di una sola fila di veicoli.

13) Corsia di accelerazione: corsia specializzata per consentire ed agevolare l'ingresso ai veicoli sulla carreggiata.

14) Corsia di decelerazione: corsia specializzata per consentire l'uscita dei veicoli da una carreggiata in modo da non provocare rallentamenti ai veicoli non interessati a tale manovra.

15) Corsia di emergenza: corsia, adiacente alla carreggiata, destinata alle soste di emergenza, al transito dei veicoli di soccorso ed, eccezionalmente, al movimento dei pedoni, nei casi in cui sia ammessa la circolazione degli stessi.

16) Corsia di marcia: corsia facente parte della carreggiata, normalmente delimitata da segnaletica orizzontale.

17) Corsia riservata: corsia di marcia destinata alla circolazione esclusiva di una o solo di alcune categorie di veicoli.

18) *Corsia specializzata*: *corsia destinata ai veicoli che si accingono ad effettuare determinate manovre, quali svolta, attraversamento, sorpasso, decelerazione, accelerazione, manovra per la sosta o che presentano basse velocità o altro.*

19) *Cunetta*: *manufatto destinato allo smaltimento delle acque meteoriche o di drenaggio, realizzato longitudinalmente od anche trasversalmente all'andamento della strada.*

20) *Curva*: *raccordo longitudinale fra due tratti di strada rettilinei, aventi assi intersecantisi, tali da determinare condizioni di limitata visibilità.*

21) *Fascia di pertinenza*: *striscia di terreno compresa tra la carreggiata ed il confine stradale. È parte della proprietà stradale e può essere utilizzata solo per la realizzazione di altre parti della strada.*

22) *Fascia di rispetto*: *striscia di terreno, esterna al confine stradale, sulla quale esistono vincoli alla realizzazione, da parte dei proprietari del terreno, di costruzioni, recinzioni, piantagioni, depositi e simili.*

23) *Fascia di sosta laterale*: *parte della strada adiacente alla carreggiata, separata da questa mediante striscia di margine discontinua e comprendente la fila degli stalli di sosta e la relativa corsia di manovra.*

24) *Golfo di fermata*: *parte della strada, esterna alla carreggiata, destinata alle fermate dei mezzi collettivi di linea ed adiacente al marciapiede o ad altro spazio di attesa per i pedoni.*

25) *Intersezione a livelli sfalsati*: *insieme di infrastrutture (sovrappassi; sottopassi e rampe) che consente lo smistamento delle correnti veicolari fra rami di strade poste a diversi livelli.*

26) *Intersezione a raso* (*o a livello*): *area comune a più strade, organizzata in modo da consentire lo smistamento delle correnti di traffico dall'una all'altra di esse.*

27) *Isola di canalizzazione*: *parte della strada, opportunamente delimitata e non transitabile, destinata a incanalare le correnti di traffico.*

28) *Isola di traffico*: *cfr. Isola di canalizzazione.*

29) *Isola salvagente*: *cfr. Salvagente.*

30) *Isola spartitraffico*: *cfr. Spartitraffico.*

31) *Itinerario internazionale*: *strade o tratti di strade facenti parte*

degli itinerari così definiti dagli accordi internazionali.

32) *Livelletta*: tratto di strada a pendenza longitudinale costante.

33) *Marciapiede*: parte della strada, esterna alla carreggiata, rialzata o altrimenti delimitata e protetta, destinata ai pedoni.

34) *Parcheggio*: area o infrastruttura posta fuori della carreggiata, destinata alla sosta regolamentata o non dei veicoli.

34-bis) *Parcheggio scambiatore*: parcheggio situato in prossimità di stazioni o fermate del trasporto pubblico locale o del trasporto ferroviario, per agevolare l'intermodalità.

35) *Passaggio a livello*: intersezione a raso, opportunamente attrezzata e segnalata ai fini della sicurezza, tra una o più strade ed una linea ferroviaria o tranviaria in sede propria.

36) *Passaggio pedonale* (cfr. anche Marciapiede): parte della strada separata dalla carreggiata, mediante una striscia bianca continua o una apposita protezione parallela ad essa e destinata al transito dei pedoni. Esso espleta la funzione di un marciapiede stradale, in mancanza di esso.

37) *Passo carrabile*: accesso ad un'area laterale idonea allo stazionamento di uno o più veicoli.

38) *Piazzola di sosta*: parte della strada, di lunghezza limitata, adiacente esternamente alla banchina, destinata alla sosta dei veicoli.

39) *Pista ciclabile*: parte longitudinale della strada, opportunamente delimitata, riservata alla circolazione dei velocipedi.

40) *Raccordo concavo* (cunetta): raccordo tra due livellette contigue di diversa pendenza che si intersecano al di sotto della superficie stradale. Tratto di strada con andamento longitudinale concavo.

41) *Raccordo convesso* (dosso): raccordo tra due livellette contigue di diversa pendenza che si intersecano al di sopra della superficie stradale. Tratto di strada con andamento longitudinale convesso.

42) *Ramo di intersezione*: tratto di strada afferente una intersezione.

43) *Rampa* (di intersezione): strada destinata a collegare due rami di un'intersezione.

44) *Ripa*: zona di terreno immediatamente sovrastante o sottostante le scarpate del corpo stradale rispettivamente in taglio o in riporto sul terreno preesistente alla strada.

*45) **Salvagente**: parte della strada, rialzata o opportunamente de-limitata e protetta, destinata al riparo ed alla sosta dei pedoni, in cor-rispondenza di attraversamenti pedonali o di fermate dei trasporti collettivi.*

*46) **Sede stradale**: superficie compresa entro i confini stradali. Com-prende la carreggiata e le fasce di pertinenza.*

*47) **Sede tranviaria**: parte longitudinale della strada, oppor-tunamente delimitata, riservata alla circolazione dei tram e dei veicoli assimilabili.*

*48) **Sentiero** (o Mulattiera o Tratturo): strada a fondo naturale for-matasi per effetto del passaggio di pedoni o di animali.*

*49) **Spartitraffico**: parte longitudinale non carrabile della strada des-tinata alla separazione di correnti veicolari.*

*50) **Strada extraurbana**: strada esterna ai centri abitati.*

*51) **Strada urbana**: strada interna ad un centro abitato.*

*52) **Strada vicinale** (o Poderale o di Bonifica): strada privata fuori dai centri abitati ad uso pubblico.*

*53) **Svincolo**: intersezione a livelli sfalsati in cui le correnti veicolari non si intersecano tra loro.*

*53-bis) **Utente debole della strada**: pedoni, disabili in carrozzella, ciclisti e tutti coloro i quali meritino una tutela particolare dai peri-coli derivanti dalla circolazione sulle strade.*

*54) **Zona a traffico limitato**: area in cui l'accesso e la circolazione veicolare sono limitati ad ore prestabilite o a particolari categorie di utenti e di veicoli.*

*55) **Zona di attestamento**: tratto di carreggiata, immediatamente a monte della linea di arresto, destinato all'accumulo dei veicoli in attesa di via libera e, generalmente, suddiviso in corsie specializzate separate da strisce longitudinali continue.*

*56) **Zona di preselezione**: tratto di carreggiata, opportunamente seg-nalato, ove è consentito il cambio di corsia affinché i veicoli possano incanalarsi nelle corsie specializzate.*

*57) **Zona di scambio**: tratto di carreggiata a senso unico, di idonea lunghezza, lungo il quale correnti di traffico parallele, in movimento nello stesso verso, possono cambiare la reciproca posizione senza doversi arrestare.*

*58) **Zona residenziale**: zona urbana in cui vigono particolari regole di circolazione a protezione dei pedoni e dell'ambiente, delimitata lungo le vie di accesso dagli appositi segnali di inizio e di fine».*

CLASSIFICAZIONE INTERNAZIONALE DEI VEICOLI A MOTORE E DEI RIMORCHI (ART. 47 DEL C.D.S.)

Secondo l'articolo 47 comma 2 del Codice della Strada, i veicoli a motore e i loro rimorchi sono classificati come segue:

«a)

- *Categoria L1e: veicoli a due ruote la cilindrata del cui motore (se si tratta di motore termico) non supera i 50 cc e la cui velocità massima di costruzione (qualunque sia il sistema di propulsione) non supera i 45 km/h;*

- *Categoria L2e: veicoli a tre ruote la cilindrata del cui motore (se si tratta di motore termico) non supera i 50 cc e la cui velocità massima di costruzione (qualunque sia il sistema di propulsione) non supera i 45 km/h;*

- *Categoria L3e: veicoli a due ruote la cilindrata del cui motore (se si tratta di motore termico) supera i 50 cc o la cui velocità massima di costruzione (qualunque sia il sistema di propulsione) supera i 45 km/h;*

- *Categoria L4e: veicoli a tre ruote asimmetriche rispetto all'asse longitudinale mediano, la cilindrata del cui motore (se si tratta di motore termico) supera i 50 cc o la cui velocità massima di costruzione (qualunque sia il sistema di propulsione)* supera i 45 km/h (motocicli con carrozzetta laterale);

- **Categoria L5e:** veicoli a tre ruote simmetriche rispetto all'asse longitudinale mediano, la cilindrata del cui motore (se si tratta di motore termico) supera i 50 cc o la cui velocità massima di costruzione (qualunque sia il sistema di propulsione) supera i 45 km/h;

- **Categoria L6e:** quadricicli leggeri, la cui massa a vuoto è inferiore o pari a 350 kg, esclusa la massa delle batterie per i veicoli elettrici, la cui velocità massima per costruzione è inferiore o uguale a 45 km/h e la cui cilindrata del motore è inferiore o pari a 50 cm³ per i motori ad accensione comandata; o la cui potenza massima netta è inferiore o uguale a 4 kW per gli altri motori, a combustione interna; o la cui potenza nominale continua massima è inferiore o uguale a 4 kW per i motori elettrici. Tali veicoli sono conformi alle prescrizioni tecniche applicabili ai ciclomotori a tre ruote della categoria L2e, salvo altrimenti disposto da specifiche disposizioni comunitarie;

- **Categoria L7e:** i quadricicli, diversi da quelli di cui alla categoria L6e, la cui massa a vuoto è inferiore o pari a 400 kg (550 kg per i veicoli destinati al trasporto di merci), esclusa la massa delle batterie per i veicoli elettrici, e la cui potenza massima netta del motore è inferiore o uguale a 15 kW. Tali veicoli sono considerati come tricicli e sono conformi alle prescrizioni tecniche applicabili ai tricicli della categoria L5e salvo altrimenti disposto da specifiche disposizioni comunitarie;

b)

- **Categoria M:** veicoli a motore destinati al trasporto di persone ed aventi almeno quattro ruote;

- **Categoria M1:** veicoli destinati al trasporto di persone, aventi al massimo otto posti a sedere oltre al sedile del conducente;

- **Categoria M2:** veicoli destinati al trasporto di persone, aventi più di otto posti a sedere oltre al sedile del conducente e massa massima non superiore a 5 t;

- **Categoria M3:** veicoli destinati al trasporto di persone, aventi più di otto posti a sedere oltre al sedile del conducente e massa massima superiore a 5 t;

c)

- *Categoria N:* veicoli a motore destinati al trasporto di merci, aventi almeno quattro ruote;
- *Categoria N1:* veicoli destinati al trasporto di merci, aventi massa massima non superiore a 3,5 t;
- *Categoria N2:* veicoli destinati al trasporto di merci, aventi massa massima superiore a 3,5 t ma non superiore a 12 t;
- *Categoria N3:* veicoli destinati al trasporto di merci, aventi massa massima superiore a 12 t;

d)

- *Categoria O:* rimorchi (compresi i semirimorchi);
- *Categoria O1:* rimorchi con massa massima non superiore a 0,75 t.
- *Categoria O2:* rimorchi con massa massima superiore a 0,75 t ma non superiore a 3,5 t.
- *Categoria O3:* rimorchi con massa massima superiore a 3,5 t ma non superiore a 10 t.
- *Categoria O4:* rimorchi con massa massima superiore a 10 t».

CLASSIFICAZIONE DI VEICOLI E RIMORCHI (ARTT. 46-58 DEL C.D.S.)

L'art. 46 del Codice della Strada definisce la nozione di veicolo nel seguente modo: «*si intendono per **veicoli tutte le macchine di qualsiasi specie, che circolano sulle strade guidate dall'uomo**. Non rientrano nella definizione di veicolo: a) le macchine per uso di bambini, le cui caratteristiche non superano i limiti stabiliti dal regolamento; b) le macchine per uso di invalidi, rientranti tra gli ausili medici secondo le vigenti disposizioni comunitarie, anche se asservite da motore*».

I veicoli sono **classificati** nelle **seguenti categorie**:

VEICOLI A BRACCIA: «*spinti o trainati dall'uomo a piedi*» e «*azionati dalla forza muscolare dello stesso conducente*» (art. 48 del C.d.S.).

VEICOLI A TRAZIONE ANIMALE: «*trainati da uno o più animali*» (art. 49 del C.d.S.).

VELOCIPEDI: «*veicoli con due ruote o più ruote funzionanti a propulsione esclusivamente muscolare, per mezzo di pedali o di analoghi dispositivi, azionati dalle persone che si trovano sul veicolo; sono altresì considerati velocipedi le biciclette a pedalata assistita, dotate di un motore ausiliario elettrico avente potenza nominale continua massima di 0,25 KW la cui alimentazione è progressivamente ridotta ed infine interrotta quando il veicolo raggiunge i 25 km/h o prima se il ciclista smette di pedalare*» (art. 50 del C.d.S.).

SLITTE: «*veicoli muniti di pattini, a trazione animale*» (art. 51 del

C.d.S.).

☐ CICLOMOTORI

«Veicoli a motore a due o tre ruote aventi [...] motore di cilindrata non superiore a 50 cc, se termico» e *«capacità di sviluppare su strada orizzontale una velocità fino a 45 km/h»* (art. 52 c. 1 del C.d.S.).

☐ MOTOVEICOLI

Secondo l'articolo 53 comma 1 del Codice della Strada, i motoveicoli sono veicoli a motore a due, tre o quattro ruote, distinti in:

*«a) **motocicli**: veicoli a due ruote destinati al trasporto di persone, in numero non superiore a due compreso il conducente;*

*b) **motocarrozzette**: veicoli a tre ruote destinati al trasporto di persone, capaci di contenere al massimo quattro posti compreso quello del conducente ed equipaggiati di idonea carrozzeria;*

*c) **motoveicoli per trasporto promiscuo**: veicoli a tre ruote destinati al trasporto di persone e cose, capaci di contenere al massimo quattro posti compreso quello del conducente;*

*d) **motocarri**: veicoli a tre ruote destinati al trasporto di cose;*

*e) **mototrattori**: motoveicoli a tre ruote destinati al traino di semirimorchi. Tale classificazione deve essere abbinata a quella di motoarticolato, con la definizione del tipo o dei tipi dei semirimorchi di cui al comma 2, che possono essere abbinati a ciascun mototrattore;*

*f) **motoveicoli per trasporti specifici**: veicoli a tre ruote destinati al trasporto di determinate cose o di persone in particolari condizioni e caratterizzati dall'essere muniti permanentemente di speciali attrezzature relative a tale scopo;*

*g) **motoveicoli per uso speciale**: veicoli a tre ruote caratterizzati da particolari attrezzature installate permanentemente sugli stessi; su tali veicoli è consentito il trasporto del personale e dei materiali connessi con il ciclo operativo delle attrezzature;*

*h) **quadricicli a motore**: veicoli a quattro ruote destinati al trasporto di cose con al massimo una persona oltre al conducente nella cabina di guida, ai trasporti specifici e per uso speciale, la cui massa a* *vuoto non superi le 0,55 t, con esclusione della massa delle batterie se a trazione elettrica, capaci di sviluppare su strada orizzontale una velocità massima fino a 80 km/h. Le caratteristiche costruttive sono stabilite dal regolamento. Detti veicoli, qualora superino anche uno solo dei limiti stabiliti sono considerati autoveicoli».*

□ **AUTOVEICOLI**

Secondo l'articolo 54 comma 1 del Codice della Strada, gli autoveicoli sono veicoli a motore con almeno quattro ruote (esclusi i motoveicoli). Si distinguono in:

«*a) **autovetture**: veicoli destinati al trasporto di persone, aventi al massimo nove posti, compreso quello del conducente;*

*b) **autobus**: veicoli destinati al trasporto di persone equipaggiati con più di nove posti compreso quello del conducente;*

*c) **autoveicoli per trasporto promiscuo**: veicoli aventi una massa complessiva a pieno carico non superiore a 3,5 t o 4,5 t se a trazione elettrica o a batteria, destinati al trasporto di persone e di cose e capaci di contenere al massimo nove posti compreso quello del conducente;*

*d) **autocarri**: veicoli destinati al trasporto di cose e delle persone addette all'uso o al trasporto delle cose stesse;*

*e) **trattori stradali**: veicoli destinati esclusivamente al traino di rimorchi o semirimorchi;*

*f) **autoveicoli per trasporti specifici**: veicoli destinati al trasporto di determinate cose o di persone in particolari condizioni, caratterizzati dall'essere muniti permanentemente di speciali attrezzature relative a tale scopo;*

*g) **autoveicoli per uso speciale**: veicoli caratterizzati dall'essere muniti permanentemente di speciali attrezzature e destinati prevalentemente al trasporto proprio. Su tali veicoli è consentito il trasporto del personale e dei materiali connessi col ciclo operativo delle attrezzature e di persone e cose connesse alla destinazione d'uso delle attrezzature stesse;*

*h) **autotreni**: complessi di veicoli costituiti da due unità distinte, agganciate, delle quali una motrice. Ai soli fini della applicazione dell'art. 61, commi 1 e 2, costituiscono un'unica unità gli auto-*

treni caratterizzati in modo permanente da particolari attrezzature per il trasporto di cose determinate nel regolamento. In ogni caso se vengono superate le dimensioni massime di cui all'art. 61, il veicolo o il trasporto è considerato eccezionale;

*i) **autoarticolati**: complessi di veicoli costituiti da un trattore e da un semirimorchio;*

*l) **autosnodati**: autobus composti da due tronconi rigidi collegati tra loro da una sezione snodata. Su questi tipi di veicoli i compartimenti viaggiatori situati in ciascuno dei due tronconi rigidi sono comunicanti. La sezione snodata permette la libera circolazione dei viaggiatori tra i tronconi rigidi. La connessione e la disgiunzione delle due parti possono essere effettuate soltanto in officina;*

*m) **autocaravan**: veicoli aventi una speciale carrozzeria ed attrezzati permanentemente per essere adibiti al trasporto e all'alloggio di sette persone al massimo, compreso il conducente;*

*n) **mezzi d'opera**: veicoli o complessi di veicoli dotati di particolare attrezzatura per il carico e il trasporto di materiali di impiego o di risulta dell'attività edilizia, stradale, di escavazione mineraria e materiali assimilati ovvero che completano, durante la marcia, il ciclo produttivo di specifici materiali per la costruzione edilizia; tali veicoli o complessi di veicoli possono essere adibiti a trasporti in eccedenza ai limiti di massa stabiliti nell'art. 62 e non superiori a quelli di cui all'art. 10, comma 8, e comunque nel rispetto dei limiti dimensionali fissati nell'art. 61. I mezzi d'opera devono essere, altresì, idonei allo specifico impiego nei cantieri o utilizzabili a uso misto su strada e fuori strada».*

□ **FILOVEICOLI**

«Veicoli a motore elettrico non vincolati da rotaie e collegati a una linea aerea di contatto per l'alimentazione» (art. 55 del C.d.S.).

□ **RIMORCHI**

Secondo l'articolo 56 del Codice della Strada, i rimorchi sono veicoli destinati ad essere trainati da autoveicoli e filoveicoli con esclusione degli autosnodati. Si distinguono in:

*«a) **rimorchi per trasporto di persone**, limitatamente ai rimorchi*

con almeno due assi ed ai semirimorchi;

b) **rimorchi per trasporto di cose**;

c) **rimorchi per trasporti specifici**, caratterizzati ai sensi della lettera f) dell'art. 54;

d) **rimorchi ad uso speciale**, caratterizzati ai sensi delle lettere g) e h) dell'art. 54;

e) **caravan**: rimorchi ad un asse o a due assi posti a distanza non superiore ad un metro, aventi speciale carrozzeria ed attrezzati per essere adibiti ad alloggio esclusivamente a veicolo fermo;

f) **rimorchi per trasporto di attrezzature turistiche e sportive**: rimorchi ad un asse o a due assi posti a distanza non superiore ad un metro, muniti di specifica attrezzatura atta al trasporto di attrezzature turistiche e sportive, quali imbarcazioni, alianti od altre» (art. 56 c. 2 del C.d.S.)

«I **semirimorchi** sono veicoli costruiti in modo tale che una parte di essi si sovrapponga all'unità motrice e che una parte notevole della loro massa o del loro carico sia sopportata da detta motrice» (art. 56 c. 3 del C.d.S.).

«I **carrelli appendice** a non più di due ruote destinati al trasporto di bagagli, attrezzi e simili, e trainabili da autoveicoli» (esclusi autotreni, autoarticolati e autosnodati), «si considerano parti integranti di questi purché rientranti nei limiti di sagoma e di massa previsti» (art. 56 c. 4 del C.d.S.).

☐ MACCHINE AGRICOLE

Secondo l'articolo 57 del Codice della Strada, le macchine agricole sono impiegate nelle attività agricole e forestali e si distinguono in:

Semoventi: trattrici agricole, macchine agricole operatrici a due o più assi e macchine agricole operatrici ad un asse;

Trainate: macchine agricole operatrici e rimorchi agricoli.

☐ MACCHINE OPERATRICI

Secondo l'articolo 58 del Codice della Strada, le macchine operatrici semoventi possono trasportare al massimo tre addetti compreso il conducente. Si distinguono in:

«a) **_macchine_** impiegate **_per la costruzione e la manutenzione di opere civili o delle infrastrutture stradali_** o per il ripristino del traffico;

b) **_macchine sgombraneve, spartineve o ausiliarie_** quali spanditrici di sabbia e simili;

c) **_carrelli_**: veicoli destinati alla movimentazione di cose».

LA SEGNALETICA STRADALE

SEGNALETICA STRADALE

Il Codice della Strada prevede i seguenti tipi di segnali stradali:

- **segnali verticali**;
- **segnali orizzontali**;
- **segnali complementari** e **di cantiere**;
- **segnalazioni luminose**;
- **segnalazioni degli agenti** del traffico.

I **segnali verticali prevalgono** sui **segnali orizzontali**. Le **segnalazioni semaforiche** (esclusa la luce lampeggiante gialla di pericolo) **prevalgono** su quelle dei **segnali verticali e orizzontali**. Le **segnalazioni** degli **agenti di polizia prevalgono** su **tutti gli altri segnali**.

SEGNALI STRADALI VERITCALI

I segnali verticali si suddividono in segnali di **pericolo**, di **prescrizione** (**precedenza, divieto** e **obbligo**) e di **indicazione**.

Di norma, i segnali sono installati sul lato destro della strada. Quando necessario per motivi di sicurezza o previsto da norme specifiche, i segnali possono essere ripetuti sul lato sinistro o al di sopra della carreggiata.

Quando si renda necessario aggiungere altre indicazioni, oltre al significato fornito dal simbolo all'interno del segnale, queste sono riportate su uno o più pannelli integrativi.

SEGNALI DI PERICOLO (ARTT. 81-103 DEL REG.)

«*I segnali di pericolo hanno **forma di triangolo** equilatero con un vertice diretto verso l'alto*» (art. 84 c.1 del Reg.). «*I segnali di pericolo devono essere **installati, di norma**, ad una distanza di **150 m dal punto di inizio del pericolo** segnalato*» (art. 81 c. 7 del Reg.). «*Nei casi in cui **non sia possibile rispettare la distanza di posizionamento** stabilita dall'articolo 81, comma 7, il segnale deve essere **integrato con il pannello** modello II.1 indicante la effettiva distanza dal pericolo*» (art. 84 c. 3 del Reg.). Indicano il **tipo di pericolo** e **impongono ai conducenti di tenere un comportamento prudente**, adatto ad evitare il pericolo segnalato.

Strada deformata

«*Il segnale STRADA DEFORMATA deve essere usato per presegnalare un **tratto di strada in cattivo stato** o con pavimentazione irregolare*» (art. 85 c. 1 del Reg.). In presenza di un **cantiere stradale**, il segnale è a **fondo giallo**.

Figura 1: STRADA DEFORMATA

Dosso

«Il segnale DOSSO deve essere usato per presegnalare una anomalia altimetrica convessa della **strada che limita la visibilità**» (art. 85 c. 2 del Reg.).

Figura 2: DOSSO

Cunetta

«Il segnale CUNETTA deve essere usato per presegnalare una anomalia altimetrica **concava della strada**» (art. 85 c. 3 del Reg.).

Figura 3: CUNETTA

Curve pericolose

«*Per segnalare una curva pericolosa, per* **caratteristiche plani-metriche o per insufficiente visibilità**, *deve essere usato uno dei seguenti segnali:*

a) CURVA A DESTRA;

b) CURVA A SINISTRA;

c) DOPPIA CURVA, LA PRIMA A DESTRA;

d) DOPPIA CURVA, LA PRIMA A SINISTRA» (art. 86 c. 1 Reg.).

Figura 4: CURVA A DESTRA

Figura 5: CURVA A SINISTRA

Figura 6: DOPPIA CURVA, LA PRIMA A DESTRA

Figura 7: DOPPIA CURVA, LA PRIMA A SINISTRA

Passaggio a livello con barriere

«*Il segnale di PASSAGGIO A LIVELLO CON BARRIERE deve essere usato per presegnalare ogni attraversamento ferroviario **munito di barriere o semibarriere***» (art. 87 c. 1 del Reg.).

Unitamente al primo dei **pannelli distanziometrici** (quello con tre barre rosse), è posto a circa 150 metri dal passaggio a livello. I pannelli servono ad indicare il progressivo avvicinarsi al passaggio a livello. Il secondo ed il terzo pannello sono posti rispettivamente a 2/3 e 1/3 della distanza tra il segnale di pericolo ed i binari.

Figura 8: PASSAGGIO A LIVELLO CON BARRIERE

Passaggio a livello senza barriere

«*Il segnale di PASSAGGIO A LIVELLO SENZA BARRIERE deve essere usato per presegnalare ogni* **attraversamento ferroviario privo di barriere**» (art. 87 c. 2 del Reg.).

Figura 9: PASSAGGIO A LIVELLO SENZA BARRIERE

Croce di S. Andrea

«*Nelle immediate vicinanze dell'attraversamento deve essere apposto il segnale CROCE DI S. ANDREA che indica l'obbligo di fermarsi in corrispondenza dell'apposita striscia di arresto. Il segnale DOPPIA*

CROCE DI S. ANDREA indica che la ferrovia è a due o più binari.
I segnali CROCE DI S. ANDREA e DOPPIA CROCE DI S. ANDREA
devono essere installati con l'asse maggiore orizzontale; in mancanza
di spazio possono essere installati con l'asse maggiore verticale» (art.
87 c. 2 e 3 del Reg.).

Figura 10: CROCE DI S. ANDREA ORIZZONTALE

Figura 11: DOPPIA CROCE DI S. ANDREA ORIZZONTALE

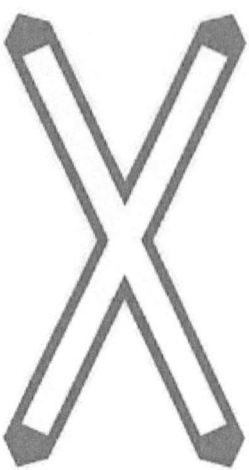

Figura 12: CROCE DI S. ANDREA VERTICALE

Figura 13: DOPPIA CROCE DI S. ANDREA VERTICALE

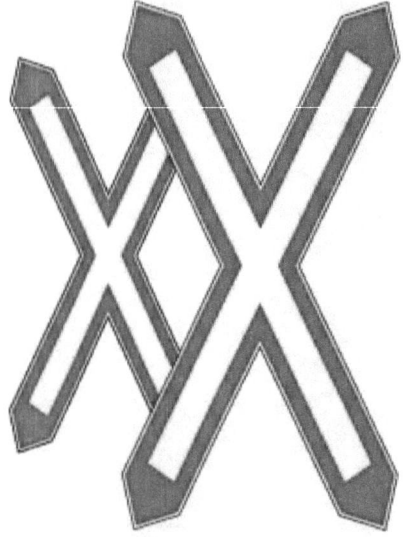

Pannelli distanziometrici

«*I pannelli distanziometrici devono portare rispettivamente 3, 2 e 1 barre rosse su fondo bianco oblique a 45° e discendenti verso la carreggiata*» (art. 87 c. 5 del Reg.). Di norma, sono posti **prima di un qualsiasi tipo di passaggio a livello** rispettivamente a **150, 100, e 50 metri dall'attraversamento** ferroviario e servono ad indicare il progressivo avvicinarsi al passaggio a livello stesso. Si trovano **prima** dell'eventuale **croce di S. ANDREA.**

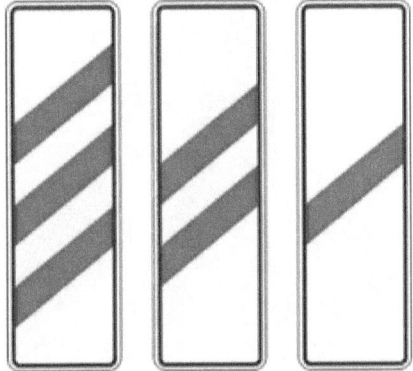

Figura 14: **PANNELLI DISTANZIOMETRICI**

Attraversamento tranviario

«*Il segnale ATTRAVERSAMENTO TRANVIARIO deve essere usato per presegnalare, fuori e dentro i centri abitati, una **linea tranviaria**, non regolata da semaforo, **intersecante, interferente o riducente la parte di carreggiata** destinata ai veicoli*» (art. 88 c. 1 del Reg.).

Figura 15: **ATTRAVERSAMENTO TRANVIARIO**

Attraversamento pedonale

«*Il segnale ATTRAVERSAMENTO PEDONALE deve essere usato per presegnalare un passaggio di pedoni, contraddistinto dagli **appositi segni sulla carreggiata**, nelle strade extraurbane ed in quelle urbane con limite di velocità superiore a quello stabilito dall'articolo 142, comma 1, del Codice*» (art. 88 c. 2 del Reg.).

Nelle strade extraurbane è posto a 150 metri dall'attraversamento e può essere usato anche nei centri abitati.

Figura 16: ATTRAVERSAMENTO PEDONALE

Attraversamento ciclabile

«*Il segnale ATTRAVERSAMENTO CICLABILE deve essere usato per presegnalare un passaggio di velocipedi, contraddistinto dagli **appositi segni sulla carreggiata**, nelle strade extraurbane ed in quelle urbane con limite di velocità superiore a quello stabilito dall'articolo 142, comma 1, del Codice*» (art. 88 c. 3 del Reg.). È posto a 150 metri da un luogo dal quale sboccano ciclisti sulla strada o la attraversano.

Figura 17: ATTRAVERSAMENTO CICLABILE

Pendenza pericolosa

«*Il segnale di DISCESA PERICOLOSA o di SALITA RIPIDA deve essere utilizzato per presegnalare un tratto di strada con andamento rispettivamente **discendente** o **ascendente** secondo il senso di marcia, con pendenza tale da costituire **pericolo in conseguenza di fattori locali***

particolarmente sfavorevoli.
La **pendenza**, *in ambedue i casi, deve essere* **espressa in percentuale»** (art. 89 del Reg.).

Figura 18: DISCESA PERICOLOSA

Figura 19: SALITA RAPIDA

Strettoia simmetrica

«Il segnale STRETTOIA SIMMETRICA deve essere usato per presegnalare un **restringimento** *simmetrico della* **carreggiata** *costituente pericolo per la circolazione stradale»* (art. 90 c. 1 del Reg.).
Se a **fondo giallo** è posto in **presenza** di un **cantiere stradale**.

Figura 20: STRETTOIA SIMMETRICA

Strettoia asimmetrica

«*I segnali STRETTOIA ASIMMETRICA A SINISTRA e STRETTOIA ASIMMETRICA A DESTRA devono essere usati quando il restringimento riguarda il lato sinistro o destro della carreggiata*» (art. 90 c. 2 del Reg.).

Se a **fondo giallo** è posto in **presenza** di un **cantiere stradale**.

Figura 21: STRETTOIA ASIMMETRICA A SINISTRA

Figura 22: **STRETTOIA ASIMMETRICA A DESTRA**

Ponte mobile

«*Il segnale PONTE MOBILE deve essere usato per presegnalare una struttura stradale mobile comunque manovrabile*» (art. 91 del Reg.).

Può essere **integrato con** un il pannello distanziometrico a tre barre rosse ed il **pannello indicante gli orari di manovra** o di funzionamento.

Figura 23: **PONTE MOBILE**

Banchina pericolosa

«*Il segnale BANCHINA PERICOLOSA deve essere usato per presegnalare un **tratto di strada con banchina cedevole o non praticabile**, o il **pericolo di caduta in una cunetta profonda** o in un fosso in caso di accostamento*» (art. 92 del Reg.).

Figura 24: BANCHINA PERICOLOSA

Strada sdrucciolevole

«Il segnale STRADA SDRUCCIOLEVOLE deve essere usato per pre-segnalare un tratto della carreggiata che in **particolari condizioni** può presentare una **superficie sdrucciolevole in misura superiore al normale**» (art. 93 c. 1 del Reg.).

Può essere **integrato dagli opportuni pannelli integrativi (pioggia, formazione di ghiaccio**, ecc.) e la lunghezza del tratto di strada interessato.

Figura 25: STRADA SDRUCCIOLEVOLE

Bambini

«Il segnale BAMBINI deve essere usato per **presegnalare luoghi frequentati da fanciulli** quali le scuole, i giardini pubblici, i campi di gioco ed altri ambienti di richiamo per costoro» (art. 94 del Reg.).

Figura 26: BAMBINI

Animali domestici o selvatici vaganti

«*I segnali ANIMALI VAGANTI sono di due tipi: ANIMALI DOMEST-ICI e ANIMALI SELVATICI; essi devono essere usati per presegnalare la vicinanza di un tratto di strada con* **probabile attraversamento di animali**» (art. 95 del Reg.).

Figura 27: ANIMALI DOMESTICI VAGANTI

Figura 28: ANIMALI SELVATICI VAGANTI

Doppio senso di circolazione

«*Il segnale DOPPIO SENSO DI CIRCOLAZIONE deve essere usato per presegnalare un tratto di strada dove la circolazione si svolge nei due sensi sulla stessa carreggiata, quando nel tratto di strada precedente la circolazione è regolata a senso unico*» (art. 96 c. 1 del Reg.).
Se a **fondo giallo** è posto in **presenza di lavori in corso**.

Figura 29: DOPPIO SENSO DI CIRCOLAZIONE

Circolazione rotatoria

«*Il segnale CIRCOLAZIONE ROTATORIA deve essere installato sulle strade extraurbane per presegnalare una* **intersezione tra due o più strade regolamentate con circolazione rotatoria**. *Nei centri abitati può essere usato solo quando le condizioni del traffico ne consigliano l'impiego per motivi di sicurezza*» (art. 96 c. 6 del Reg.).

Figura 30: CIRCOLAZIONE ROTATORIA

Sbocco su molo o argine

«*Il segnale SBOCCO SU MOLO O SU ARGINE deve essere usato per pre-*

*segnalare che la **strada sbocca su un molo** o su un **argine** di fiume o di canale, con **pericolo di caduta in acqua***» (art. 97 del Reg.).

Figura 31: SBOCCO SU MOLO O SU ARGINE

Materiale instabile sulla strada

*«Il segnale MATERIALE INSTABILE SULLA STRADA deve essere usato per presegnalare la **presenza** sulla **pavimentazione stradale** di ghiaia, **pietrisco**, graniglia od altro materiale in piccola pezzatura che, per effetto del passaggio **del veicolo**, può essere scagliato in aria o **proiettato a distanza**, o può far diminuire l'aderenza del veicolo sulla strada»* (art. 98 c. 1 del Reg.).

Figura 32: MATERIALE INSTABILE SULLA STRADA

Caduta massi (da sinistra o da destra)

*«Il segnale CADUTA MASSI deve essere usato per presegnalare un tratto di strada ove esiste pericolo per la **caduta di pietre e di massi o l'eventuale presenza dei medesimi sulla carreggiata**. Il simbolo ha la scarpata o pendice a sinistra o a destra a seconda che le stesse siano*

rispettivamente a sinistra o a destra» (art. 98 c. 2 del Reg.).

Figura 33: CADUTA MASSI DA SINISTRA

Figura 34: CADUTA MASSI DA DESTRA

Semaforo

«*Il segnale SEMAFORO deve essere usato per presegnalare un **impianto semaforico**. Il suo impiego è obbligatorio sulle strade extraurbane.*

I tre dischi, rosso, giallo e verde, del simbolo del semaforo devono essere rifrangenti. Il disco giallo può essere sostituito con un segnale luminoso giallo lampeggiante.

*I tre **dischi** possono essere **disposti in verticale o in orizzontale** a seconda della disposizione effettiva delle lanterne del semaforo cui il segnale si riferisce.*

Le dimensioni del segnale devono essere di formato grande ovunque le condizioni di impianto lo consentano» (art. 99 c. 1, 2 e 3 del Reg.).

Se a **fondo giallo**, il segnale è posto in **presenza** di un **cantiere**

stradale.

Figura 35: SEMAFORO VERTICALE

Figura 36: SEMAFORO ORIZZONTALE

Aeromobili

«*Il segnale AEROMOBILI deve essere usato per presegnalare la possibilità di **improvvisi e forti rumori od abbagliamenti**, su strade in prossimità di aerodromi od aviosuperfici, dovuti ad **aeromobili a bassa quota**»* (art. 100 del Reg.).

Figura 37: AEROMOBILI

Forte vento laterale

«*Il segnale FORTE VENTO LATERALE deve essere usato per preseg-nalare un tratto di strada dove possono verificarsi **forti raffiche di vento laterale**, come **viadotti esposti**, **uscite da gallerie**, fine di tratti in trincea o analoghe situazioni*» (art. 101 del Reg.).

Figura 38: FORTE VENTO LATERALE

Pericolo di incendio

«*Il segnale PERICOLO DI INCENDIO deve essere impiegato per richia-mare l'attenzione degli utenti della strada sul pericolo di infiamma-bilità delle zone boschive attraversate o contigue alla strada, ovvero in vicinanza di **luoghi ad alto rischio di incendio**.*

Il segnale deve essere corredato da pannello integrativo modello II.2 con l'indicazione della estesa della zona a rischio» (art. 102 del Reg.).

Figura 39: PERICOLO DI INCENDIO

Altri pericoli

«*Il segnale ALTRI PERICOLI deve essere usato per presegnalare un* **pericolo diverso da quelli previsti dagli articoli precedenti.**

Il segnale **deve essere sempre corredato da pannello integrativo** *modello II.6. In situazioni di emergenza ed in attesa del segnale specifico o del pannello integrativo può essere utilizzato temporaneamente senza pannello*» (art. 103 del Reg.).

È a **fondo giallo** in **presenza di cantieri** di lavoro.

Figura 40: ALTRI PERICOLI

SEGNALI DI PRESCRIZIONE (ARTT. 104 – 114 DEL REG.)

«*I segnali che comportano prescrizioni imposte dall'autorità competente agli utenti della strada si suddividono in:*
*a) SEGNALI DI **PRECEDENZA**;*
*b) SEGNALI DI **DIVIETO**;*
*c) SEGNALI DI **OBBLIGO**.*
Lungo il tratto stradale interessato da una prescrizione i segnali di divieto e di obbligo, nonché quelli di diritto di precedenza, devono essere ripetuti dopo ogni intersezione. Tale obbligo non sussiste per i segnali a validità zonale.
I segnali di prescrizione devono essere posti sul lato destro della strada. Sulle strade con due o più corsie per ogni senso di marcia devono adottarsi opportune misure, in relazione alle condizioni locali, affinché i segnali siano chiaramente percepibili anche dai conducenti dei veicoli che percorrono le corsie interne ripetendoli sul lato sinistro o al di sopra della carreggiata» (art. 104 c. 1, 2 e 3 del Reg.). Dopo le intersezioni possono essere ripetuti con l'aggiunta del pannello integrativo "CONTINUA". Salvo i casi nei quali esista lo specifico segnale di fine divieto o di fine obbligo, il termine della prescrizione è indicato con lo stesso segnale munito del panello integrativo "FINE". Qualora la prescrizione sia limitata a una o più categorie di veicoli, i simboli di tali veicoli sono inseriti in un pannello integrativo; se invece è concessa deroga alla prescrizione, il simbolo del veicolo è preceduto dalla parola "ECCETTO".

☐ **SEGNALI DI PRECEDENZA** (Artt. 105 – 114 del Reg.)

Intersezione con precedenza a destra

«*Il segnale INTERSEZIONE CON PRECEDENZA A DESTRA deve essere installato sulle strade extraurbane per presegnalare una **intersezione** tra due o più strade per le quali **vige la regola generale della precedenza a destra**. Tale segnale nei centri abitati può essere usato solo quando le condizioni del traffico ne consigliano l'impiego per motivi di sicurezza*» (art. 109 del Reg.).

Figura 41: INTERSEZIONE CON PRECEDENZA A DESTRA

Intersezione con diritto di precedenza

«Il segnale INTERSEZIONE CON DIRITTO DI PRECEDENZA deve essere usato sulle strade extraurbane e, ove ritenuto necessario, su quelle urbane, per presegnalare una **intersezione con strade subordinate**» (art. 112 c. 1 del Reg.).

Figura 42: INTERSEZIONE CON DIRITTO DI PRECEDENZA

Intersezione a "T" con diritto di precedenza e confluenza

«*Il segnale prevede due varianti qualora la strada subordinata si immetta solo da destra o da sinistra denominata INTERSEZIONE A "T", ed altre due varianti denominate CONFLUENZA, qualora la strada subordinata si immetta con corsia di accelerazione da destra o da sinistra*» (art. 112 c. 2 del Reg.).

Figura 43: INTERSEZIONE A T CON DIRITTO DI PRECEDENZA A SINISTRA

Figura 44: INTERSEZIONE A T CON DIRITTO DI PRECEDENZA A DESTRA

Figura 45: CONFLUENZA A SINISTRA

Figura 46: CONFLUENZA A DESTRA

Dare precedenza

«*Il segnale DARE PRECEDENZA deve essere usato sul **ramo della intersezione che non gode del diritto di precedenza**, per indicare ai conducenti l'obbligo di dare la precedenza ai veicoli che circolano nei due sensi sulla strada sulla quale essi stanno per immettersi o che vanno ad attraversare*» (art 106 c. 1 del Reg.).

Se abbinato ad un semaforo, il segnale ha valore sono nelle ore in cui il semaforo funziona a luce gialla lampeggiante oppure è spento.

Figura 47: DARE PRECEDENZA

Preavviso di precedenza

«*I segnali di PREAVVISO DI DARE PRECEDENZA e di PREAVVISO DI FERMARSI E DARE PRECEDENZA devono essere installati nel tratto prossimo all'immissione sulla strada con precedenza fuori dei centri abitati, e dentro i centri abitati alle intersezioni con strade aventi limite di velocità superiore a quello stabilito dall'articolo 142, comma 1 del Codice ovvero quando le condizioni del traffico ne consigliano l'impiego per motivi di sicurezza o di disciplina della circolazione*» (art. 108 c. 1 del Reg.).

Figura 48: PREAVVISO DI DARE PRECEDENZA

Figura 49: PREAVVISO DI FERMARSI E DARE PRECEDENZA

Fermarsi e dare precedenza

«*Il segnale FERMARSI E DARE PRECEDENZA deve essere installato nelle intersezioni o nei luoghi che non godono del diritto di precedenza, per indicare ai conducenti* **l'obbligo di fermarsi, in corrispondenza dell'apposita striscia di arresto, e di dare la precedenza** *prima di inoltrarsi nell'area dell'intersezione o di immettersi nel flusso della circolazione*» (art. 107 c. 1 del Reg.).

Figura 50: FERMARSI E DARE PRECEDENZA

Diritto di precedenza

«*Il segnale DIRITTO DI PRECEDENZA deve essere usato per* **indicare che un tratto di strada gode del diritto di precedenza**» (art. 113 c. 1 del Reg.).

Figura 51: DIRITTO DI PRECEDENZA

Fine del diritto di precedenza

«*Il segnale FINE DEL DIRITTO DI PRECEDENZA deve essere usato per indicare agli utenti della strada con priorità che la strada non gode più del diritto di precedenza. Esso può essere installato solo quando sulla strada sia stato installato il segnale DIRITTO DI PRE-CEDENZA*»(art. 111 c.1 del Reg.).

Figura 52: FINE DEL DIRITTO DI PRECEDENZA

Dare precedenza nei sensi unici alternati

«*Il segnale DARE PRECEDENZA NEI SENSI UNICI ALTERNATI deve essere usato all'inizio delle strettoie permanenti o temporanee nelle quali, per le limitate dimensioni delle corsie e tenuto conto dell'andamento planimetrico della strada, nonché del tipo e delle dimensioni dei veicoli ai quali è consentito il transito, si renda necessario stabilire il senso unico di marcia alternato. Il segnale prescrive all'utente di **dare la precedenza alla corrente di traffico proveniente in senso*** *inverso*» (art. 110 c. 1 del Reg.).

Figura 53: DARE PRECEDENZA NEI SENSI UNICI ALTERNATI

Diritto di precedenza nei sensi unici alternati

«*Il segnale DIRITTO DI PRECEDENZA NEI SENSI UNICI ALTERNATI deve essere usato in prossimità delle strettoie nelle quali è istituito il senso unico alternato ai sensi dell'articolo 110 per indicare all'utente che **ha precedenza di passaggio rispetto ai veicoli provenienti nel senso opposto di marcia**»* (art. 114 del Reg.).

Figura 54: DIRITTO DI PRECEDENZA NEI SENSI UNICI ALTERNATI

☐ Segnali Di Divieto (Artt. 115 – 120 Del Reg.)

Segnali di divieto generici

«*I segnali di divieto relativi alla circolazione di tutti i veicoli sono:
a) il segnale DIVIETO DI TRANSITO;
b) il segnale SENSO VIETATO;*

c) il segnale DIVIETO DI SORPASSO, che indica il divieto di sorpassare i veicoli a motore eccetto i ciclomotori e i motocicli anche se la manovra può compiersi entro la semicarreggiata con o senza la striscia continua;

d) il segnale DISTANZIAMENTO MINIMO OBBLIGATORIO, che indica il divieto di seguire il veicolo che precede ad una distanza inferiore a quella indicata in metri sul segnale;

e) il segnale LIMITE MASSIMO DI VELOCITÀ, che indica la velocità massima in chilometri orari alla quale i veicoli possono procedere sul tratto di strada interessato dal segnale, ferme restando le norme di comportamento di cui all'articolo 142 del Codice o degli eventuali limiti inferiori imposti a determinate categorie di veicoli;

f) il segnale DIVIETO DI SEGNALAZIONI ACUSTICHE, che indica che è proibito, salvo in caso di pericolo immediato, l'uso di avvisatori acustici» (art. 116 del Reg.).

Figura 55: DIVIETO DI TRANSITO

Figura 56: SENSO VIETATO

Figura 57: **DIVIETO DI SORPASSO**

Figura 58: **DISTANZIAMENTO MINIMO OBBLIGATORIO**

Figura 59: **LIMITE MASSIMO DI VELOCITÀ**

Figura 60: **DIVIETO DI SEGNALAZIONI ACUSTICHE**

Segnali di divieto specifici

«*I segnali di divieto alla circolazione relativi a particolari categorie di veicoli sono:*

a) il segnale DIVIETO DI SORPASSO PER I VEICOLI DI MASSA A PIENO CARICO SUPERIORE A 3,5 t. Indica il divieto di sorpassare veicoli a motore per i veicoli di massa a pieno carico superiore a 3,5 t, indicata sulla carta di circolazione e non adibiti a trasporto di persone. Il sorpasso dei veicoli non a motore è consentito solo se la manovra può compiersi entro la semicarreggiata con o senza la striscia continua. La massa può essere diversamente definita dall'ente proprietario della strada e, in tale caso, il segnale deve essere dotato di pannello integrativo riportante il diverso valore;

b) il segnale TRANSITO VIETATO AI VEICOLI A TRAZIONE ANIMALE;

c) il segnale TRANSITO VIETATO AI PEDONI;

d) il segnale TRANSITO VIETATO ALLE BICICLETTE. Indica il divieto di transito per i velocipedi;

e) il segnale TRANSITO VIETATO AI MOTOCICLI;

f) il segnale TRANSITO VIETATO AI VEICOLI A BRACCIA;

g) il segnale TRANSITO VIETATO A TUTTI GLI AUTOVEICOLI compresi i motoveicoli a 3 ruote e i quadricicli a motore;

h) il segnale TRANSITO VIETATO AGLI AUTOBUS;

i) il segnale TRANSITO VIETATO AI VEICOLI DI MASSA A PIENO CARICO SUPERIORE A 3,5 t indicata dalla carta di circolazione non adibiti al trasporto di persone; mediante un'iscrizione in bianco dentro la sagoma del simbolo del veicolo, ovvero con pannello integrativo, si può prescrivere un diverso valore della suddetta massa consentita al transito;

l) il segnale TRANSITO VIETATO A TUTTI I VEICOLI A MOTORE TRAINANTI UN RIMORCHIO. Eventuali deroghe per rimorchi che non superano una determinata massa possono essere indicate con pannello integrativo;

m) il segnale TRANSITO VIETATO ALLE MACCHINE AGRICOLE;

n) il segnale TRANSITO VIETATO AI VEICOLI CHE TRASPORTANO MERCI PERICOLOSE;

o) il segnale TRANSITO VIETATO AI VEICOLI CHE TRASPORTANO ESPLOSIVI O PRODOTTI FACILMENTE INFIAMMABILI e TRANSITO VIETATO AI VEICOLI CHE TRASPORTANO PRODOTTI SUSCETTIBILI DI CONTAMINARE L'ACQUA. Eventuali deroghe per il trasporto di piccole quantità possono essere indicate con pannello integrativo che ne indichi la quantità» (art. 117 c. 1 del Reg.).

Figura 61: DIVIETO DI SORPASSO PER I VEICOLI DI MASSA A PIENO CARICO SUPERIORE A 3,5 t

Figura 62: TRANSITO VIETATO AI VEICOLI A TRAZIONE ANIMALE

Figura 63: TRANSITO VIETATO AI PEDONI

Figura 64: TRANSITO VIETATO ALLE BICICLETTE

Figura 65: TRANSITO VIETATO AI MOTOCICLI

Figura 66: TRANSITO VIETATO AI VEICOLI A BRACCIA

Figura 67: TRANSITO VIETATO A TUTTI GLI AUTOVEICOLI

Figura 68: TRANSITO VIETATO AGLI AUTOBUS

**Figura 69: TRANSITO VIETATO AI VEICOLI DI MASSA
A PIENO CARICO SUPERIORE A 3,5 t**

**Figura 70: TRANSITO VIETATO A TUTTI I VEICOLI A
MOTORE TRAINANTI UN RIMORCHIO**

Figura 71: TRANSITO VIETATO ALLE MACCHINE AGRICOLE

**Figura 72: TRANSITO VIETATO AI VEICOLI CHE TRASPORTANO
MERCI PERICOLOSE**

**Figura 73: TRANSITO VIETATO AI VEICOLI CHE TRASPORTANO
ESPLOSIVI O PRODOTTI FACILMENTE INFIAMMABILI**

**Figura 74: TRANSITO VIETATO AI VEICOLI CHE TRASPORTANO
PRODOTTI SUSCETTIBILI DI CONTAMINARE L'ACQUA**

Segnali di limitazioni alle dimensioni e alla massa dei veicoli

*«I segnali di divieto che comportano limitazioni alle dimensioni e
alla massa dei veicoli sono:*

*a) il segnale TRANSITO VIETATO AI VEICOLI AVENTI LARGHEZZA
SUPERIORE A ... METRI: deve essere posto solo se la larghezza am-
missibile sulla strada è inferiore a quella fissata dall'articolo 61 del
Codice;*

*b) il segnale TRANSITO VIETATO AI VEICOLI AVENTI ALTEZZA
COMPLESSIVA SUPERIORE A ... METRI: deve essere posto solo se
l'altezza ammissibile sulla strada è inferiore all'altezza dei veicoli
definita dall'articolo 61 del Codice;*

*c) il segnale TRANSITO VIETATO AI VEICOLI, O A COMPLESSI DI
VEICOLI, AVENTI LUNGHEZZA SUPERIORE A ... METRI: deve essere
posto solo se la lunghezza ammissibile è inferiore alla lunghezza dei
veicoli definita dall'articolo 61 del Codice;*

*d) il segnale TRANSITO VIETATO AI VEICOLI AVENTI UNA MASSA
SUPERIORE A ... TONNELLATE deve essere posto solo se la massa consentita è inferiore a quella massima consentita ai sensi dell'articolo
62 del Codice per i veicoli ammessi a circolare su quel tratto di strada.
Il segnale può essere integrato con pannello modello II.6 indicante il
numero massimo dei veicoli ammessi a transitare contemporanea-
mente;*

*e) il segnale TRANSITO VIETATO AI VEICOLI AVENTI MASSA PER
ASSE SUPERIORE A ... TONNELLATE: deve essere posto solo se la*

massa consentita sull'asse più caricato è inferiore a quella stabilita dall'articolo 62 del Codice» (art. 118 c. 1 del Reg.).

Figura 75: TRANSITO VIETATO AI VEICOLI AVENTI LARGHEZZA SUPERIORE A 2,30 METRI

Figura 76: TRANSITO VIETATO AI VEICOLI AVENTI ALTEZZA COMPLESSIVA SUPERIORE A 3,50 METRI

Figura 77: TRANSITO VIETATO AI VEICOLI, O A COMPLESSI DI VEICOLI, AVENTI LUNGHEZZA SUPERIORE A 10 METRI

**Figura 78: TRANSITO VIETATO AI VEICOLI AVENTI
UNA MASSA SUPERIORE A 7 TONNELLATE**

**Figura 79: TRANSITO VIETATO AI VEICOLI AVENTI MASSA
PER ASSE SUPERIORE A 2,5 TONNELLATE**

Segnali di fine divieto

«*I segnali che indicano la fine di un divieto sono:*

a) il segnale VIA LIBERA. Indica il punto ove le prescrizioni precedentemente indicate cessano di essere valide;

b) il segnale FINE LIMITAZIONE DI VELOCITÀ. Deve essere usato ogniqualvolta si vogliano ripristinare i limiti generalizzati di velocità vigenti per quel tipo di strada. Qualora si voglia imporre un diverso limite di velocità inferiore ai limiti suddetti, in luogo del segnale FINE LIMITAZIONE DI VELOCITÀ deve essere usato il segnale LIMITE MASSIMO DI VELOCITÀ indicante il nuovo limite.

c) il segnale FINE DIVIETO DI SORPASSO. Indica la fine del divieto di sorpasso per tutti i veicoli.

d) il segnale FINE DIVIETO DI SORPASSO PER I VEICOLI DI MASSA

A PIENO CARICO SUPERIORE A 3,5 t indicata dalla carta di cir-colazione non adibiti al trasporto di persone» (art. 119 c. 1 del Reg.).

Figura 80: VIA LIBERA

Figura 81: FINE LIMITAZIONE DI VELOCITÀ

Figura 82: FINE DIVIETO DI SORPASSO

Figura 83: FINE DIVIETO DI SORPASSO PER I VEICOLI DI MASSA A PIENO CARICO SUPERIORE A 3,5 t

SEGNALI DI FERMATA, DI SOSTA E DI PARCHEGGIO

«*I segnali che regolano la FERMATA, la SOSTA ed il PARCHEGGIO, o che forniscono indicazioni utili a tal fine, sono:*
a) il segnale DIVIETO DI SOSTA. Deve essere usato per indicare i **luoghi dove è stato disposto il divieto di sosta dei veicoli***, ad eccezione dei luoghi ove per regola generale vige il divieto. Lungo le* **strade extraurbane***, in assenza di iscrizioni integrative, indica che il* **divieto di sosta è permanente***, ed ha valore anche nelle ore notturne. Lungo le* **strade urbane***, in assenza di iscrizioni integrative, indica che il* **divieto di sosta vige dalle ore 8 alle ore 20***. Il segnale* **può essere corredato da pannelli integrativi** *sui quali cifre, o brevi iscrizioni, possono limitare la portata del divieto indicando, secondo i casi:*
1) i giorni della settimana o del mese o le ore della giornata durante i quali vige il divieto (pannello integrativo modello II.3);
2) le eccezioni per talune categorie di utenti (pannello integrativo modello II.4/b);
3) i periodi relativi a giorni e ad ore in divieto per consentire le operazioni di pulizia della sede stradale mediante macchine operatrici o con altri mezzi (pannello integrativo modello II.6/q2 o, in versione integrata, modello II.8/a).
b) il segnale DIVIETO DI FERMATA. Deve essere usato per indicare i luoghi dove in assenza di iscrizioni integrative **sono vietate in permanenza la sosta e la fermata e, comunque, qualsiasi mo-**

mentaneo arresto volontario del veicolo. Il segnale non deve essere corredato dal pannello integrativo modello II.6/m poiché la rimozione coatta può comunque essere eseguita a norma dell'articolo 159, comma 1, lettera c), del Codice. I segnali DIVIETO DI SOSTA e DIVIETO DI FERMATA possono essere integrati dagli specifici segni orizzontali;

c) il segnale PARCHEGGIO. Può essere usato per indicare un'area organizzata od attrezzata per sostare per un tempo indeterminato, salvo diversa indicazione. Il segnale può essere corredato da pannelli integrativi per indicare con valore prescrittivo: limitazioni di tempo, tariffe per i parcheggi a pagamento, lo schema di disposizione dei veicoli (sosta parallela, obliqua ortogonale), nonché categorie ammesse o escluse. Il segnale può essere inserito in quelli di preavviso e di direzione;

d) il segnale PREAVVISO DI PARCHEGGIO. Indica la direzione da seguire verso il più vicino parcheggio.

*e) il segnale PASSO CARRABILE. Indica la **zona per l'accesso dei veicoli alle proprietà laterali**, in corrispondenza della quale vige in permanenza il divieto di sosta, ai sensi dell'articolo 158 del Codice. Il segnale ha dimensioni normali di 45 x 25 cm e dimensioni maggiorate di 60 x 40 cm. Sulla parte alta del segnale deve essere indicato l'ente proprietario della strada che rilascia l'autorizzazione, in basso deve essere indicato il numero e l'anno del rilascio. La mancata indicazione dell'ente e degli estremi dell'autorizzazione comporta l'inefficacia del divieto. Per le strade private, aperte al pubblico transito, l'autorizzazione è concessa dal Comune. L'installazione e la manutenzione del segnale sono a cura e a spese del soggetto titolare dell'autorizzazione. Di norma, il segnale è installato in posizione parallela all'asse della strada e può essere applicato su porte o cancelli»* (art. 120 c. 1 del Reg.).

Figura 84: DIVIETO DI SOSTA

Figura 85: DIVIETO DI FERMATA

Figura 86: PARCHEGGIO

Figura 87: PREAVVISO DI PARCHEGGIO

Figura 88: PASSO CARRABILE

Sosta consentita a particolari categorie

«*Eccezioni permanenti al divieto di sosta - esclusivamente per i*

veicoli degli invalidi e per le ambulanze - sono indicate con il
segnale composito di SOSTA CONSENTITA A PARTICOLARE CATE-
GORIA» (art. 120 c. 2 del Reg.).

Figura 89: SOSTA CONSENTITA A PARTICOLARE CATEGORIA

Regolazione flessibile della sosta in centro abitato
Rappresenta una **regolazione della sosta.** Perciò, è un **segnale composito** che **vieta** la sosta in alcune ore (nell'esempio dalle ore 7 alle 9 e dalle 17 alle 20) e la **consente in altre** (dalle ore 9 alle 17 e dalle ore 20 alle 7).

Figura 90: REGOLAZIONE DELLA SOSTA

☐ Segnali Di Obbligo (Artt. 121 – 123 Del Reg.)

«*I segnali di obbligo sono di forma circolare ed impongono agli utenti uno specifico comportamento, ovvero una particolare condizione di circolazione da rispettare.*

I segnali di obbligo si dividono in **generici** *o* **specifici**. *Quelli generici hanno* **fondo blu** *e simbolo bianco; quelli specifici hanno* **fondo bianco**, **bordo rosso** *e simbolo nero*» (art. 121 c. 1 e 2 del Reg.).

Direzione obbligatoria

«*I segnali di DIREZIONE OBBLIGATORIA devono essere usati per* **indicare al conducente l'unica direzione consentita**» (art. 122 c. 2 del Reg.).

Di norma, sono installati in corrispondenza di un incrocio **dove ha inizio l'obbligo**.

Figura 91: DIREZIONE OBBLIGATORIA DIRITTO

Figura 92: DIREZIONE OBBLIGATORIA SINISTRA

Figura 93: DIREZIONE OBBLIGATORIA DESTRA

Preavviso di direzione obbligatoria

Questi segnali sono **installati prima del punto in cui ha inizio l'obbligo dell'unica direzione consentita** e possono essere integrati con pannelli integrativi che indicano la distanza dal punto in cui vige l'obbligo.

Figura 94: PREAVVISO DI DIREZIONE OBBLIGATORIA A SINISTRA

Figura 95: PREAVVISO DI DIREZIONE OBBLIGATORIA A DESTRA

Direzioni consentite

«*I segnali di DIREZIONI CONSENTITE devono essere usati per indicare al conducente* **le uniche direzioni consentite** *e sono installati di norma prima del punto in cui ha inizio l'obbligo*» (art. 122 c. 3 del Reg.).

Figura 96: DIREZIONI CONSENTITE A DESTRA ED A SINISTRA

Figura 97: DIREZIONI CONSENTITE DRITTO ED A SINISTRA

Figura 98: DIREZIONI CONSENTITE DRITTO ED A DESTRA

Passaggio obbligatorio e passaggi consentiti

«*I segnali di PASSAGGIO OBBLIGATORIO e di PASSAGGI CON-SENTITI devono essere usati per indicare al conducente: i primi due* **l'obbligo di passaggio rispettivamente a sinistra o a destra di un ostacolo**, *di un ingombro, di un salvagente, di una testata di isola di traffico o di uno spartitraffico posti sulla strada, ovvero per segnalare deviazioni in occasione di lavori stradali o per altre cause; il terzo* **consente il passaggio da ambedue i lati dell'ostacolo**» (art. 122 c. 4 del Reg.).

Figura 99: PASSAGGIO OBBLIGATORIO A SINISTRA

Figura 100: PASSAGGIO OBBLIGATORIO A DESTRA

Figura 101: PASSAGGI CONSENTITI

Rotatoria

«*Il segnale di ROTATORIA deve essere usato per indicare ai conducenti l'obbligo di circolare secondo il verso indicato dalle frecce. Deve essere collocato sulla soglia dell'**area ove si svolge la cir-***

colazione rotatoria. Sulle strade extraurbane è sempre preceduto dal segnale di PREAVVISO DI CIRCOLAZIONE ROTATORIA» (art. 122 c. 6 del Reg.).

Figura 102: ROTATORIA

Limite minimo di velocità

«Il segnale LIMITE MINIMO DI VELOCITÀ deve essere usato per indicare che i veicoli circolanti sulla strada, o su una o più corsie di essa soggette al segnale, sono tenuti ad osservare il limite minimo indicato. I veicoli non suscettibili di sviluppare la velocità minima indicata non devono impegnare la strada o la parte di essa soggetta a detto segnale» (art. 122 c. 7 del Reg.).

Figura 103: LIMITE MINIMO DI VELOCITÀ

Fine limite minimo di velocità

«La fine dell'obbligo deve essere indicata con analogo segnale barrato obliquamente da una fascia rossa» (art. 122 c. 7 del Reg.).

Figura 104: **FINE LIMITE MINIMO DI VELOCITÀ**

Catene da neve obbligatorie

«*Il segnale CATENE PER NEVE OBBLIGATORIE deve essere usato per indicare l'***obbligo di circolare***, a partire dal punto di impianto del segnale,* **con catene da neve o con pneumatici invernali***. Il segnale può essere inserito in alternativa entro quello di TRANSITABILITÀ mantenendo il proprio valore prescrittivo*» (art. 122 c. 8 del Reg.).

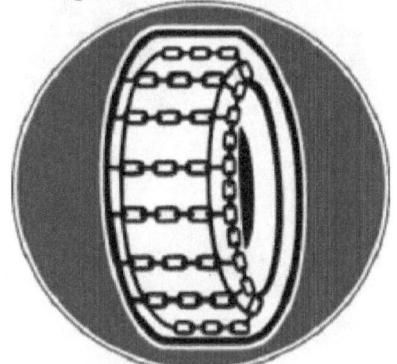

Figura 105: **CATENE PER NEVE OBBLIGATORIE**

CIRCOLAZIONE RISERVATA A DETERMINATE CATEGORIE DI UTENTI

«*I segnali di CIRCOLAZIONE RISERVATA A DETERMINATE CATEGORIE DI UTENTI il cui simbolo è in essi contenuto indicano che la strada o parte di essa è* **riservata alla sola categoria di utenti** *prevista mentre è* **vietata alle altre***. Tali segnali sono:*

a) il segnale PERCORSO PEDONALE che deve essere posto all'inizio di un viale, di un itinerario o di un **percorso riservato ai soli pedoni** *da impiegare solo quando non risulta evidente la destinazione al tran-*

sito pedonale;

b) il segnale PISTA CICLABILE che deve essere posto all'**inizio di una pista, di una corsia o di un itinerario riservato alla circolazione dei velocipedi**. Deve essere ripetuto dopo ogni interruzione o dopo le intersezioni;

c) il segnale PISTA CICLABILE CONTIGUA AL MARCIAPIEDE e PERCORSO PEDONALE E CICLABILE che deve essere posto all'inizio di un percorso riservato ai pedoni e alla circolazione dei velocipedi e deve essere ripetuto dopo ogni interruzione o dopo le intersezioni;

d) il segnale PERCORSO RISERVATO AI QUADRUPEDI DA SOMA O DA SELLA che deve essere posto all'inizio di una pista o di un passaggio particolare.

La **fine dell'obbligo** dei segnali di cui al comma 9 deve essere indicata con analogo **segnale barrato** obliquamente da una **fascia rossa**» (art. 122 c. 9 e 10 del Reg.).

Figura 106: PERCORSO PEDONALE

Figura 107: FINE PERCORSO PEDONALE

Figura 108: PISTA CICLABILE

Figura 109: FINE PISTA CICLABILE

Figura 110: PISTA CICLABILE CONTIGUA AL MARCIAPIEDE

Figura 111: FINE PISTA CICLABILE CONTIGUA AL MARCIAPIEDE

Figura 112: PERCORSO PEDONALE E CICLABILE

Figura 113: FINE PERCORSO PEDONALE E CICLABILE

Figura 114: PERCORSO RISERVATO AI QUADRUPEDI DA SOMA O DA SELLA

Figura 115: FINE PERCORSO RISERVATO AI QUADRUPEDI
DA SOMA O DA SELLA

SEGNALI DI OBBLIGO SPECIFICO

ALT – Dogana

«*Il segnale ALT - DOGANA deve essere posto per segnalare un* **varco doganale al quale è obbligatorio fermarsi**» (art. 123 c. 2 del Reg.).

Figura 116: ALT - DOGANA

Confine di Stato con Paese CEE
Indica la frontiera con i Paesi aderente alla Comunità Economica Europea (CEE).

Figura 117: CONFINE DI STATO CON PAESE CEE

Preavviso di confine di Stato con Paese CEE
È ubicato su strada che conduce alla frontiera con Paese aderente alla Comunità Economica Europea (CEE).

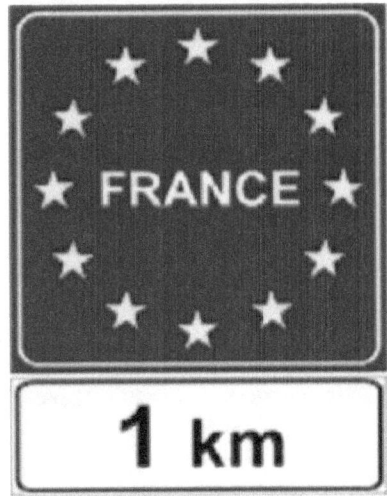

Figura 118: PREAVVISO DI CONFINE DI STATO CON PAESE CEE

ALT – Polizia

«*Il segnale ALT - POLIZIA deve essere posto per* **segnalare un posto di blocco stradale istituito da organi di polizia al quale è obbligatorio fermarsi**. *Il segnale è di impiego mobile, deve essere posto a distanza opportuna dal posto di blocco e deve essere avvistabile con sicurezza e in tempo utile affinché il conducente possa adeguare la sua condotta, tenuto conto delle condizioni plano-altimetriche della strada e della velocità predominante dei veicoli nel tratto che precede il posto di blocco. Il segnale deve essere ripetuto all'altezza del punto di arresto. Entrambi i segnali devono essere posti in modo da non costituire pericolo o pregiudizio per la sicurezza stradale. È consentito ripetere il segnale nella lingua dello stato confinante quando il posto di blocco è in prossimità delle zone di confine*» (art. 123 c.3 del Reg.).

Figura 119: ALT - POLIZIA

ALT – Stazione

«*Il segnale ALT - STAZIONE deve essere* **posto sulle autostrade e in corrispondenza degli accessi controllati per segnalare una stazione dove è obbligatorio fermarsi per le operazioni di pedaggio.** *È consentito ripetere il segnale nella lingua dello stato confinante quando la stazione di pedaggio è in prossimità del confine*» (art. 123 c. 4 del Reg.).

Figura 120: ALT - STAZIONE

PANNELLI INTEGRATIVI DEI SEGNALI (ART. 83 DEL REG.)

«*I **segnali** possono essere **muniti** di **pannelli integrativi** nei seguenti casi:*

*a) per definire la **validità nello spazio** del segnale;*

*b) per **precisare il significato del segnale**;*

*c) per **limitare l'efficacia** dei segnali **a talune categorie di utenti o per determinati periodi di tempo***» (art. 83 c. 1 del Reg.).

Distanza

«*Il modello II.1 indica la DISTANZA, espressa in chilometri o in metri arrotondati ai 10 m per eccesso, **tra il segnale e l'inizio del punto pericoloso, del punto dal quale si applica la prescrizione o del punto oggetto dell'indicazione** (modelli II.1/a, II.1/b)*» (art. 83 c. 4 del Reg.).

Figura 121: DISTANZA

Estesa

«*Il modello II.2 indica l'ESTESA, cioè la lunghezza, espressa in chilo-metri o in metri, arrotondata ai 10 m per eccesso, del tratto stradale pericoloso o nel quale si applica la prescrizione* (modelli II.2/a, II.2/b)» (art. 83 c. 5 del Reg.).

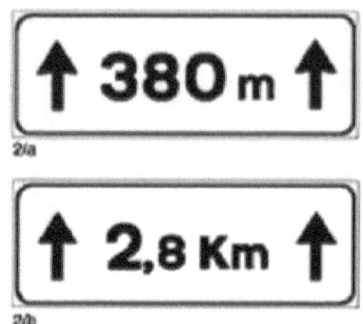

Figura 122: ESTESA

Tempo di validità

«*Il modello II.3 indica il TEMPO DI VALIDITÀ, cioè il giorno, l'ora o i minuti primi, mediante cifre o simboli, durante il quale vige la prescrizione o il pericolo* (modelli II.3/a, II.3/b, II.3/c, II.3/d)» (art. 83 c. 6 del Reg.).

Validità permanente: ogni giorno per tutte le 24 ore (modello II.3/a).

Fascia oraria valida in **ogni giorno** (modello II.3/b).

Fascia oraria valida limitatamente ai **giorni festivi** (modello II.3/c).

Fascia oraria valida limitatamente ai **giorni lavorativi** (modello II.3/d).

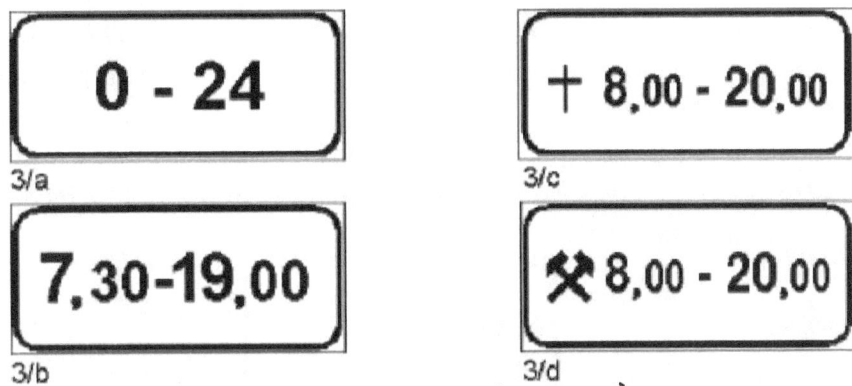

Figura 123: TEMPO DI VALIDITÀ

LIMITAZIONE OD ECCEZIONE

«*Il modello II.4 indica ECCEZIONI O LIMITAZIONI, cioè **autorizza una deroga alla prescrizione per una o più categorie di utenti, ovvero ne limita la validità**. Quando la prescrizione è limitata ad una o più categorie i relativi simboli sono inseriti in nero su fondo bianco (modello II.4/a). Quando invece si intende concedere la deroga ad una o più categorie, i relativi simboli neri su fondo bianco sono preceduti dalla parola "eccetto" (modello II.4/b). I simboli dei veicoli possono essere rappresentati con senso di marcia concorde a quello delle frecce in caso di abbinamento con segnali di prescrizione direzionali*»* (art. 83 c. 7 del Reg.).

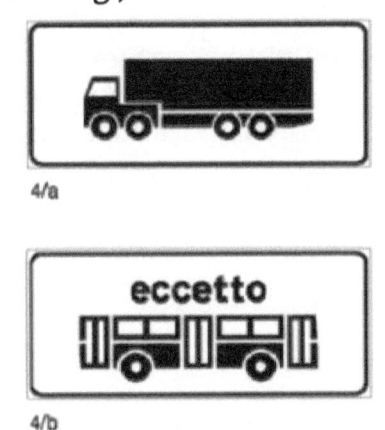

Figura 124: ECCEZIONI O LIMITAZIONI

INIZIO, CONTINUAZIONE, FINE

«*Il modello II.5 indica: l'INIZIO, la CONTINUAZIONE, la FINE di una prescrizione, di un pericolo o di una indicazione (modelli II.5/a1, II.5/a2, II.5/a3 e modelli II.5/b1, II.5/b2, II.5/b3). L'uso del pannello INIZIO deve essere limitato ai casi in cui sia opportuno evidenziare la circostanza, essendo generalmente implicito in ciascun segnale il concetto di inizio, e quello di "FINE" nei casi in cui non esiste il corrispondente segnale»* (art. 83 c. 8 del Reg.).

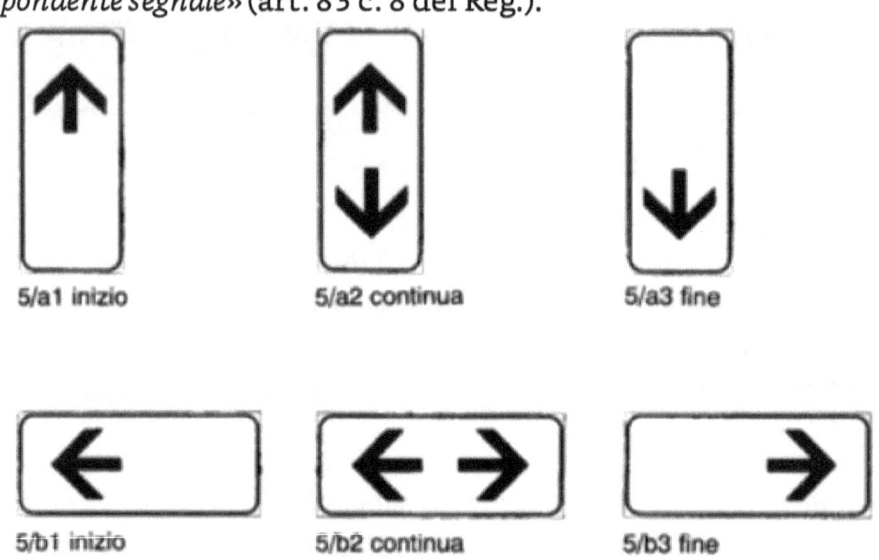

5/a1 inizio   5/a2 continua   5/a3 fine

5/b1 inizio   5/b2 continua   5/b3 fine

Figura 125: INIZIO, CONTINUAZIONE, FINE

Segni orizzontali in corso di rifacimento
Indica **lavori di tracciamento di segnaletica in corso sulla carreggiata** o preavvisa della **temporanea mancanza della segnaletica orizzontale** e chiarisce l'indicazione del segnale ALTRI PERICOLI.

Figura 126: **SEGNI ORIZZONTALI IN CORSO DI RIFACIMENTO**

Incidente

Indica il rallentamento della circolazione dovuto ad incidente stradale con veicoli incidentati sulla carreggiata ed è posto sotto il segnale ALTRI PERICOLI.

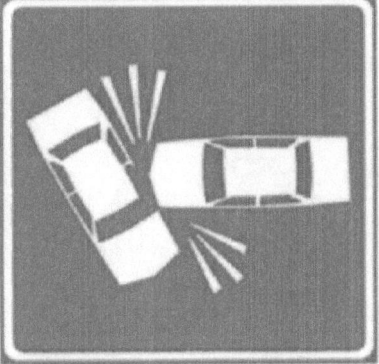

Figura 127: **INCIDENTE**

Attraversamento di binari

Indica l'**attraversamento di binari di manovra** in corrispondenza di stabilimenti industriali, scali merci e raccordi portuali.

Figura 128: **ATTRAVERSAMENTO DI BINARI**

Sgombraneve in azione

Indica la **presenza di macchine sgombraneve in funzione** su strade innevate e completa l'indicazione ALTRI PERICOLI.

Figura 129: SGOMBRANEVE IN AZIONE

Zona soggetta ad allagamento

Il pannello indica che il **tratto di strada che segue è soggetto ad allagamenti in particolari condizioni atmosferiche.**

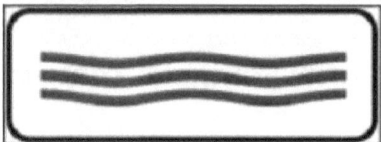
Figura 130: ZONA SOGGETTA AD ALLAGAMENTO

Coda

Indica la **possibilità che il traffico sia in consistente rallentamento o fermo in colonna.**

Figura 131: CODA

Mezzi di lavoro in azione

Invita ad **usare particolare prudenza per la presenza di macchine operatrici in azione** che possono intralciare il traffico.

Figura 132: MEZZI DI LAVORO IN AZIONE

Strada sdrucciolevole per ghiaccio o pioggia

I due pannelli indicano un tratto di **strada** che diventa **sdrucciolevole in presenza di particolari condizioni atmosferiche**.

Figura 133: **STRADA SDRUCCIOLEVOLE PER GHIACCIO**

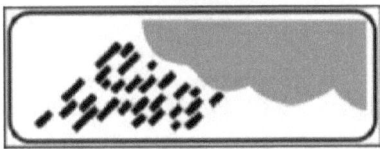

Figura 134: **STRADA SDRUCCIOLEVOLE PER PIOGGIA**

Autocarri in rallentamento

Indica un **tratto di strada in salita che costringe gli autocarri a rallentare**, vi è quindi la possibilità di trovare veicoli pesanti in lento movimento.

Figura 135: **AUTOCARRI IN RALLENTAMENTO**

Zona rimozione coatta

Indica una **zona di rimozione forzata dei veicoli lasciati in sosta** che costituiscono grave intralcio o pericolo per la circolazione ed integra il segnale di DIVIETO DI SOSTA.

Figura 136: **ZONA RIMOZIONE COATTA**

Segnale di corsia

Posto in alto sulla carreggiata **indica la corsia cui il segnale sovrastante si riferisce**, o la **corsia da seguire per raggiungere la località indicata** sul segnale, oppure la corsia da seguire per una determinata direzione o per un particolare itinerario.

Figura 137: SEGNALE DI CORSIA

Tornanti

Indica la **vicinanza di una o più curve, strette, particolarmente pericolose** e con visibilità limitata, oppure **può indicare una serie di tornanti**, precisandone il numero.

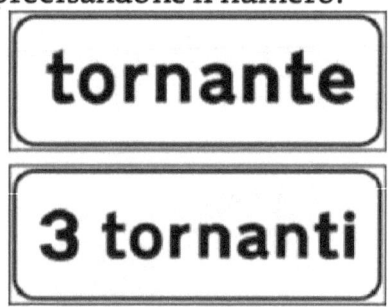

Figura 138: TORNANTI

Numero del tornante

Il pannello **segnala l'inizio di una serie di tornanti**, indicando la **prossimità del primo**.

Figura 139: NUMERO DEL TORNANTE

Pulizia strada

Il pannello integrativo **indica la periodicità con cui viene effettuata la pulizia della strada**. Quindi, **limita nel tempo** la **validità del segnale** di DIVIETO DI SOSTA ai giorni ed ore indicati
sul pannello.

Figura 140: PULIZIA STRADA

Andamento della strada principale

*«Il modello II.7 indica, mediante una striscia più larga rispetto a
quelle confluenti più strette, l'andamento della strada che gode della
precedenza rispetto alle altre. Il simbolo è di colore nero su fondo bianco»* (art. 83 c. 11 del Reg.).

Figura 141: ANDAMENTO DELLA STRADA PRINCIPALE

SEGNALI DI INDICAZIONE (ARTT. 124 – 136 REG.)

«*Si definiscono "segnali di indicazione" quei segnali che* **forniscono** *agli utenti della strada* **informazioni necessarie per la corretta e sicura circolazione, nonché per l'individuazione di itinerari, località, servizi ed impianti stradali**» (art. 124 c. 1 del Reg.).

Nei segnali di indicazione vengono impiegati i seguenti **colori di fondo**:

- **verde** per le **autostrade** o per avviare ad esse;
- **blu** per le **strade extraurbane** o per avviare ad esse;
- **bianco** per le **strade urbane** o per avviare a destinazioni urbane;
- **giallo** per **segnali temporanei** dovuti a presenza di cantieri o lavori sulla strada;
- **marrone** per indicazioni di **località di interesse** storico, culturale e **turistico**; per denominazioni geografiche, ecologiche, di ricreazione e per i camping;
- **nero** per segnali di **avvio a fabbriche**, stabilimenti, **zone industriali**;
- **arancio** per i segnali "**scuolabus**" e "**taxi**".

☐ Segnali Di Senso Unico

Senso unico parallelo

«*Il segnale SENSO UNICO PARALLELO deve essere usato nelle inter-*

*sezioni per **indicare che** sulla strada intersecata **la circolazione è regolata a senso unico**, precisandone nel contempo il senso. È installato parallelamente all'asse stradale ed è opportuno che sia combinato con il segnale NOME-STRADA assumendone identiche dimensioni. Se l'intersezione è semaforizzata i due segnali possono essere applicati al palo sopra la lanterna semaforica. Se il segnale del SENSO UNICO è impiegato da solo ha dimensioni normali di 25x100 cm»* (art. 135 c. 24 del Reg.).

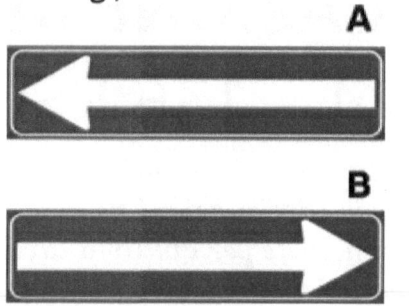

Figura 142: SENSO UNICO PARALLELO

Senso unico frontale

*«Il segnale SENSO UNICO FRONTALE è installato normalmente all'asse della carreggiata e può integrare l'indicazione del segnale di cui al comma 24. Il segnale **indica che la strada è a senso unico** e che quindi i conducenti possono utilizzarne l'intera larghezza. Viene installato a destra e a sinistra, all'inizio del senso unico, con eventuali ripetizioni a sinistra. Le dimensioni sono quelle di tabella II.6. I segnali SENSO UNICO PARALLELO e SENSO UNICO FRONTALE devono essere installati dopo aver posto in opera il segnale di SENSO VIETATO dal lato interdetto all'entrata»* (art. 135 c. 25 del Reg.).

Figura 143: SENSO UNICO FRONTALE

☐ Segnali Di Preavviso Di Intersezione

«I segnali di preavviso di intersezione hanno forma rettangolare e contengono lo **schema dell'intersezione**, *realizzato mediante* **frecce** *che possono avere spessore differente secondo la geometria e l'importanza delle strade, con i* **nomi** *delle località raggiungibili attraverso i vari rami dell'intersezione»* (art. 127 c. 2 del Reg.).

Preavviso di intersezione urbana
Indica i **luoghi raggiungibili dall'incrocio urbano**: proseguendo diritto si esce dall'abitato per raggiungere Napoli, svoltando a destra si raggiunge il centro della città o la stazione ferroviaria.

Figura 144: PREAVVISO DI INTERSEZIONE URBANA

Preavviso di intersezioni ravvicinate urbane
Indica la **presenza di due intersezioni successive ravvicinate**: alla prima si svolta a destra per via Gemona ed è vietato svol-

tare a sinistra; alla seconda intersezione si svolta a sinistra per l'ospedale o per l'Austria e si svolta a destra per il centro e per Trieste.

Figura 145: PREAVVISO DI INTERSEZIONI RAVVICINATE URBANE

Preavviso di intersezione urbana con circolazione rotatoria
Contiene lo **schema della rotatoria**, riportando i **nomi delle località raggiungibili**: alla prima uscita della rotatoria si va a Forlì mentre alla seconda uscita della rotatoria si raggiunge la tangenziale.

Figura 146: PREAVVISO DI INTERSEZIONE URBANA
CON CIRCOLAZIONE ROTATORIA

Preavviso di intersezione urbana con limitazione di transito per autocarri
Vieta agli autocarri di massa superiore a 3,5 t di proseguire diritto per il centro di Avezzano e preavvisa di svoltare a sinistra all'incrocio urbano per raggiungere l'autostrada "Roma – L'Aquila". È consentito proseguire diritto alle autovetture ed agli autobus che possono così raggiungere il centro urbano o

Pescara.

Figura 147: PREAVVISO DI INTERSEZIONE URBANA CON LIMITAZIONE DI TRANSITO PER AUTOCARRI

Preavviso di intersezione extraurbana con passaggio a livello sul ramo destro dell'intersezione

Preavvisa che svoltando a sinistra si raggiunge una località turistica, svoltando a destra si raggiunge S. Giovanni con il possibile attraversamento di treni e proseguendo diritto si raggiunge Porto Torres.

Figura 148: PREAVVISO DI INTERSEZIONE EXTRAURBANA CON PASSAGGIO A LIVELLO SUL RAMO DESTRO DELL'INTERSEZIONE

☐ Segnali Di Preselezione

«*Quando la* **carreggiata** *è* **suddivisa in due o più corsie** *nello stesso senso di marcia, ma con destinazione differente, per consentire la* **scelta preventiva** *della* **posizione sulla carreggiata** *in rapporto alle direzioni che i conducenti intendono prendere nella intersezione, in luogo del segnale di preavviso di intersezione deve essere usato il seg-*

nale di preselezione» (art. 127 c. 8 del Reg.).

Preselezione extraurbana
Preavvisa una zona di preselezione indicando diverse destinazioni delle corsie di canalizzazione. Indica al conducente diretto a Pescara di disporsi sulla corsia di destra e a quello diretto a Bari di disporsi sulla corsia di sinistra.

Figura 149: PRESELEZIONE EXTRAURBANA

Preselezione urbana
Indica una preselezione di canalizzazione urbana e sostituisce il segnale di preavviso di intersezione. Quindi, consente la **scelta preventiva della corsia da occupare in relazione alla propria destinazione**. Ad esempio, i conducenti diretti al centro città devono occupare la corsia di destra mentre quelli diretti a Terni devono predisporsi nella corsia di sinistra.

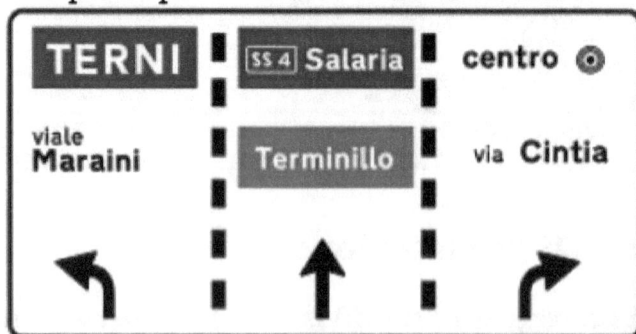

Figura 150: PRESELEZIONE URBANA

Preavviso di diramazione autostradale
Preavvisa una diramazione, consentendo la scelta preventiva

della direzione da seguire: si deve proseguire diritto per andare a Napoli o svoltare a destra per andare a Bari.

Figura 151: **PREAVVISO DI DIRAMAZIONE AUTOSTRADALE**

Preavviso di diramazione urbana
È un segnale con **funzione di preavviso di diramazione che consente la scelta preventiva della direzione da seguire**: si deve svoltare a destra per il centro cittadino o proseguire diritto per andare a Milano.

Figura 152: **PREAVVISO DI DIRAMAZIONE URBANA**

☐ Segnali Di Direzione

«*I segnali di direzione sulle strade all'interno dei centri abitati hanno forma rettangolare e devono essere conformi alle caratteristiche indicate nelle tabelle II.13/a e II.13/b*» (art. 128 c. 1 del Reg.).

Figura 153: SEGNALI DI DIREZIONE

☐ Segnali Di Corsia

«*Se installati al di sopra delle carreggiate a due o più corsie per senso di marcia assumono la funzione di segnali di corsia*» (art. 128 c. 3 del Reg.). Tali segnali permettono all'utente di **disporsi** nella **corsia più idonea** alla sua direzione di marcia.

Figura 154: SEGNALI DI CORSIA

☐ Segnali Di Identificazione Strada

«*I simboli di identificazione delle strade sono composti da lettere e cifre in combinazione, le cui caratteristiche sono:*
*a) per itinerari internazionali a fondo **verde**;*
*b) per autostrade e trafori a fondo **verde**;*
*c) per strade statali a fondo **blu**;*
*d) per strade provinciali a fondo **blu**;*
*e) per strade comunali extraurbane a fondo **bianco**»* (art. 129 c. 1

del Reg.).

Itinerario internazionale

È posto su **strade** o **itinerari** di **rilevanza internazionale** ed il **numero 21** è quello che **indica la sua classificazione**.

Figura 155: ITINERARIO INTERNAZIONALE

Identificazione autostradale

Identifica l'autostrada e può indicare la direzione per il casello. Può integrare od essere incluso nei seguenti segnali:

- conferma autostradale;
- preselezione per bivio autostradale;
- preavviso diramazione autostradale.

Figura 156: IDENTIFICAZIONE AUTOSTRADALE

Identificazione strada statale

Il segnale **identifica che il tipo di strada percorsa è la statale** n. 2.

Figura 157: IDENTIFICAZIONE STRADA STATALE

Identificazione strada comunale

Può trovarsi in un tratto di strada che collega il comune ad una frazione ed **identifica il tipo di strada percorsa** (in figura la strada comunale n. 2).

Figura 158: IDENTIFICAZIONE STRADA COMUNALE

☐ Segnale Di Itinerario

«*Sulle autostrade e sulle strade extraurbane principali* si può fare uso del SEGNALE DI ITINERARIO.

Esso va **posto prima di ogni uscita** per segnalare le località secondarie o lontane e i punti di interesse pubblico, turistico o geografico raggiungibili attraverso la viabilità ordinaria dall'uscita stessa» (art. 130 c. 1 e 2 del Reg.).

Figura 159: SEGNALE DI ITINERARIO

☐ Segnali Di Progressiva Distanziometrica, Localita' E Conferma

«*I segnali di progressiva distanziometrica* riportano le **distanze** espresse in chilometri o eventualmente in ettometri e chilometri» (art. 129 c. 1 del Reg.).

Progressiva distanziometrica autostradale

Questo segnale indica: nella **parte destra** la **distanza dell'uscita per la località indicata** e nella **parte sinistra** la **distanza progressiva dalla località di origine** dell'autostrada.

54 PIACENZA 4

Figura 160: PROGRESSIVA DISTANZIOMETRICA AUTOSTRADALE

Inizio centro abitato

«*Il segnale di INIZIO CENTRO ABITATO ha valore anche per segnalare per i centri abitati il limite di velocità e il divieto dei segnali acustici, di cui rispettivamente agli articoli 142, comma 1, e 156, comma 3 del codice. Pertanto non è necessario aggiungere i due segnali di prescrizione di LIMITE DI VELOCITÀ e di DIVIETO DI SEGNALAZIONI ACUSTICHE. Eventuali altre prescrizioni valide per l'intero centro abitato possono essere rese note con il corrispondente segnale installato in abbinamento a quello di INIZIO CENTRO ABITATO*» (art. 131 c. 4 del Reg.).

TARANTO

Figura 161: INIZIO CENTRO ABITATO

Fine centro abitato con segnale di conferma

«*Il segnale FINE CENTRO ABITATO è costituito dalla combinazione di un segnale di località sbarrato obliquamente in rosso e da un segnale di conferma recante i nomi di due o tre località successive, integrati dalle rispettive distanze in chilometri*» (art. 131 c. 6 del Reg.).

MONTECOMPATRI

S. CESAREO	7
FROSINONE	63
NAPOLI	190

Figura 162: FINE CENTRO ABITATO

Conferma autostradale

«*Sul segnale di conferma possono iscriversi più nomi di **località**, seguiti dalle **rispettive distanze** chilometriche, nell'ordine con il quale esse vengono raggiunte lungo l'itinerario e con caratteri di diverse dimensioni a seconda l'importanza di esse*».

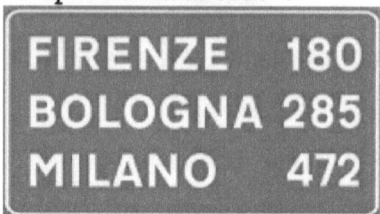

Figura 163: CONFERMA AUTOSTRADALE

■ Segnali Di Localizzazione E Segnali Turistici

«*I **segnali di localizzazione** dei luoghi o zone di pubblico interesse, non altrimenti individuabili, possono essere installati in corrispondenza dei posti di pronto soccorso, stazioni, posti di polizia o carabinieri, informazioni, ospedale, comune, polizia municipale, ecc.*» (art. 131 c. 9 del Reg.).

Pronto soccorso

È posto in corrispondenza di un **pronto soccorso**, lo **localizza** e ne indica la direzione per entrarvi.

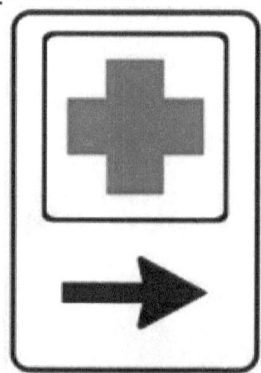

Figura 164: PRONTO SOCCORSO

Ospedale

È posto in corrispondenza di un **ospedale**, ne **localizza la sede** e ne indica la direzione per entrarvi.

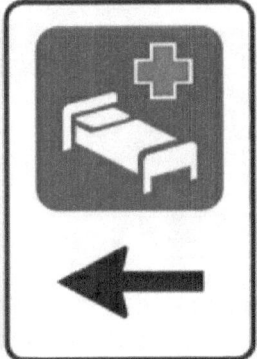

Figura 165: OSPEDALE

Segnali turistici e di territorio
I **segnali di indicazione turistica** e **territoriale** sono a **fondo marrone** e possono essere utilizzati da soli o inseriti in altri segnali.

Localizzazione territoriale
È un segnale di indicazione che **indica il nome del fiume in vicinanza** del ponte che lo attraversa.

Figura 166: LOCALIZZAZIONE TERRITORIALE

Preavviso di ufficio informazioni turistico-alberghiere
È un segnale turistico che **preavvisa un ufficio di informazioni turistiche-alberghiere**.

**Figura 167: PREAVVISO DI UFFICIO INFORMAZIONI
TURISTICO-ALBERGHIERE**

■ Segnali Utili Per La Guida

Attraversamento pedonale

«*Il segnale ATTRAVERSAMENTO PEDONALE localizza un **attraversamento pedonale non regolato da impianto semaforico e non in corrispondenza di intersezioni**. Nel caso di segnale a luce propria, ne è consigliata la combinazione con apposite sorgenti di luce, per l'illuminazione concentrata sui segni orizzontali zebrati. È sempre a doppia faccia, anche se la strada è a senso unico, e va posto ai due lati della carreggiata in corrispondenza dell'attraversamento, sulla eventuale isola spartitraffico salvagente intermedia, oppure al di sopra della carreggiata*» (art. 135 c. 3 del Reg.).

Figura 168: ATTRAVERSAMENTO PEDONALE

Attraversamento ciclabile

«*Il segnale ATTRAVERSAMENTO CICLABILE localizza un* **attraversamento della carreggiata da parte di una pista ciclabile, contraddistinta da apposita segnaletica orizzontale**» (art 135 c. 15 del Reg.).

Figura 169: ATTRAVERSAMENTO CICLABILE

Scuolabus

«*Il segnale SCUOLABUS posto* **sul bordo del marciapiede indica la fermata dello scuolabus**. *L'installazione è sempre a doppia faccia ed ortogonale all'asse stradale. Se posto* **all'esterno di un autobus** *segnala che esso è* **adibito al trasporto di bambini da e per la scuola**» (art. 135 c. 4 del Reg.).

Figura 170: SCUOLABUS

SOS

«*Il segnale SOS* **localizza un dispositivo di chiamata di soccorso o di assistenza**. *È installato a doppia faccia ortogonale all'asse stradale*» (art. 135 c. 5 del Reg.).

Figura 171: SOS

Strada senza uscita

«*Il segnale STRADA SENZA USCITA, posto **all'inizio di una strada**, indica che la stessa è **senza uscita** per i veicoli. Il segnale ha simbolo fisso e topografia invariabile*» (art. 135 c. 7 del Reg.).

Figura 172: STRADA SENZA USCITA

Preavviso di strada senza uscita

«*Per segnalare l'**intersezione di una strada con un'altra senza uscita** si usa il segnale PREAVVISO DI STRADA SENZA USCITA. Le diverse figure rappresentano lo schema grafico più significativo della configurazione dei luoghi*» (art. 135 c. 7 del Reg.).

Figura 173: PREAVVISO DI STRADA SENZA USCITA

Velocità consigliata e fine

«*Il segnale VELOCITÀ CONSIGLIATA indica la **velocità che si consi-glia di non superare in condizioni ottimali di traffico e di tempo meteorologico**. Può essere installato su strade extraurbane ed autos-trade, in corrispondenza, ad esempio di curve pericolose o di tratti soggetti a forti venti, con eventuale pannello integrativo modello II.2. Al termine del tratto segnalato deve essere installato il segnale di FINE VELOCITÀ CONSIGLIATA*» (art. 135 c. 8 del Reg.).

Figura 174: VELOCITÀ CONSIGLIATA

Figura 175: FINE VELOCITÀ CONSIGLIATA

Strada riservata ai veicoli a motore e fine

«*Il segnale STRADA RISERVATA AI VEICOLI A MOTORE* **indica l'inizio** *di una* **strada**, *diversa dall'autostrada*, **riservata** *alla* **circolazione** *dei* **veicoli a motore**. *Il segnale deve essere posto a tutti gli ingressi di tale strada e* **sostituisce i segnali di divieto** *riferiti ai veicoli senza motore. É da utilizzare sulle strade nelle quali si devono osservare le stesse norme che regolano la circolazione sulle autostrade. Il pannello integrativo modello II.1 può essere aggiunto per indicare la distanza, tra cartello ed inizio della strada, all'altezza dell'ultima intersezione utile. Ha dimensioni minime 90 x 90 cm. Ad ogni uscita deve essere installato il segnale FINE STRADA RISERVATA AI VEICOLI A MOTORE*» (art. 135 c. 9 del Reg.).

Figura 176: STRADA RISERVATA AI VEICOLI A MOTORE

Figura 177: FINE STRADA RISERVATA AI VEICOLI A MOTORE

Galleria

«*Il segnale GALLERIA **indica l'inizio di una galleria** naturale o artificiale; l'eventuale denominazione e la lunghezza possono essere indicati mediante pannelli integrativi rispettivamente modello II.6 e modello II.2. Il segnale **ricorda** le norme di comportamento da osservare nelle gallerie, e cioè:*

*a) **accendere le luci anabbaglianti**;*

*b) **divieto di fermata e di sosta**;*

*c) **divieto di compiere inversioni di marcia**;*

*d) **spegnere il motore in caso di arresto** per motivi di traffico.*

Il segnale è installato prima dell'imbocco della galleria» (art. 135 c. 10 del Reg.).

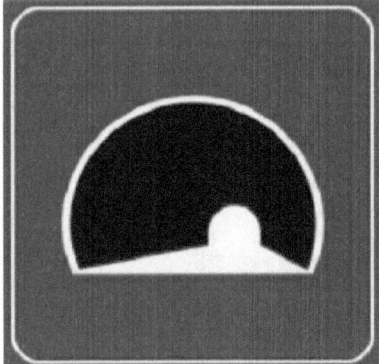

Figura 178: GALLERIA

Ponte

«*Il segnale PONTE indica **l'inizio di un ponte, viadotto, cavalcavia**,*

sovrappasso e similari; può essere integrato da pannelli modello II.6
e modello II.2 indicanti il nome del ponte o del corso d'acqua attra-
versato, e la lunghezza dell'opera d'arte espressa in metri. É installato
all'inizio del ponte» (art. 135 c. 11 del Reg.).

Figura 179: PONTE

Inversione di marcia

«Il segnale INVERSIONE DI MARCIA è da considerare variante di
uso specifico del segnale di svolta a sinistra di tipo semidiretto ed è
*impiegato per **indicare la presenza di un manufatto** sotto o sovrap-*
*passante una strada a carreggiate separate **per consentire il ritorno***
nella direzione di provenienza» (art. 135 c. 16 del Reg.).

Figura 180: INVERSIONE DI MARCIA

Svolta a sinistra indiretta

*«Il segnale SVOLTA A SINISTRA **preavvisa la obbligatorietà di***
***manovre alternative per svoltare a sinistra** quando, alla intersez-*
ione successiva, vige il divieto di svolta a sinistra, predisponendo il

conducente ad eseguire una svolta di tipo semidiretto o una svolta di tipo indiretto» (art. 135 c. 16 del Reg.).

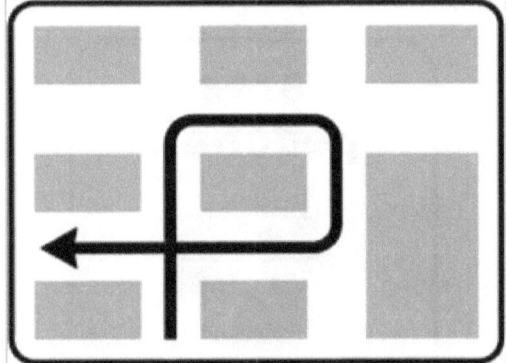

Figura 181: SVOLTA A SINISTRA INDIRETTA

Piazzola

*«Il segnale PIAZZOLA indica l'**esistenza di una piazzola** a lato della carreggiata per **effettuare una fermata**. É installato a circa 10 metri prima dell'inizio della piazzola»* (art. 135 c. 17 del Reg.).

Figura 182: PIAZZOLA

Area pedonale e sua fine

*«Il segnale AREA PEDONALE indica l'**inizio della zona interdetta alla circolazione dei veicoli**; può contenere deroghe per i velocipedi, per i veicoli al servizio di persone invalide con limitate capacità*

*motorie od altre deroghe, **limitazioni od eccezioni** riportate su **pan-**
nello integrativo. All'uscita viene posto il segnale FINE AREA PE-
DONALE»* (art. 135 c. 13 del Reg.).

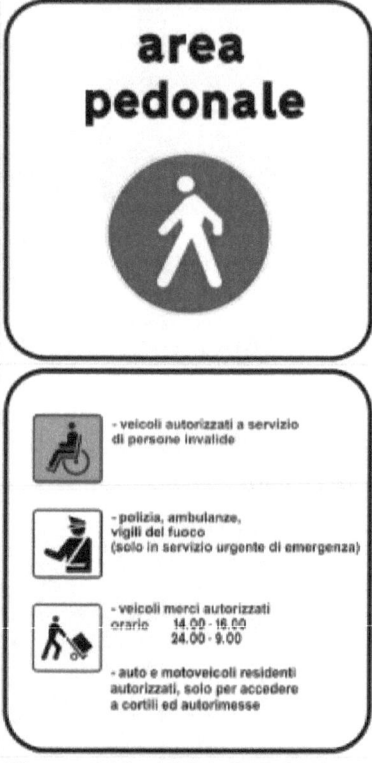

Figura 183: AREA PEDONALE

Figura 184: FINE AREA PEDONALE

Zona a traffico limitato e sua fine

*«Il segnale ZONA A TRAFFICO LIMITATO indica l'**inizio** dell'**area in***

cui l'accesso e la circolazione sono limitati nel tempo o a particolari categorie di veicoli. All'uscita viene posto il segnale FINE ZONA A TRAFFICO LIMITATO» (art. 135 c. 14 del Reg.).

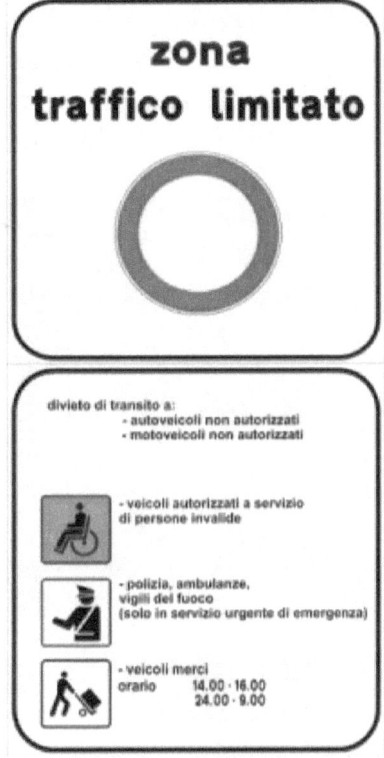

Figura 185: ZONA A TRAFFICO LIMITATO

Figura 186: FINE ZONA A TRAFFICO LIMITATO

■   **Segnali Di Transitabilita'**

«*Il segnale TRANSITABILITÀ presegnala lo **stato temporaneo della transitabilità su strade di montagna**, gli eventuali **limiti di percorribilità**, **raccomanda pneumatici invernali o catene da neve**, o impone queste ultime. Il cartello va posto all'inizio e lungo gli itinerari in salita, in corrispondenza delle intersezioni stradali nonché all'uscita di eventuali abitati intermedi. Si impiega quando sia necessario far conoscere in tempo utile condizioni stradali difficili o di totale intransitabilità*» (art. 135 c. 18 del Reg.).

Figura 187: TRANSITABILITÀ

■   Segnali Di Strada Extraurbana Principale O Di Autostrada

Inizio di una strada extraurbana principale o autostrada
Presegnala l'**ingresso in una strada extraurbana principale** mentre, se **barrato** da una **striscia** trasversale **rossa**, ne **indica la fine**. Se di **colore verde** indica l'**inizio di un'autostrada**.

Figura 188: INIZIO STRADA EXTRAURBANA PRINCIPALE

■   Segnali Di Uso E Variazione Corsie

Uso corsie

«*Il segnale USO CORSIE indica le modalità per l'***utilizzo delle singole corsie*** costituenti la carreggiata ovvero disponibili nel ***senso di marcia***. Può essere utilizzato per indicare la corsia destinata ai veicoli che procedono a velocità tale da costituire intralcio alla circolazione*» (art. 135 c. 19 del Reg.).

Figura 189: USO CORSIE SU STRADA EXTRAURBANA PRINCIPALE

Figura 190: USO CORSIE SU AUTOSTRADA

Figura 191: USO CORSIE SU STRADA URBANA

Variazione corsie disponibili

«*Il segnale VARIAZIONE CORSIE DISPONIBILI deve essere usato per segnalare una **variazione del numero delle corsie disponibili** nel senso di marcia in riduzione ed in aumento*» (art. 135 c. 20 del Reg.).

Figura 192: VARIAZIONE CORSIE DISPONIBILI - AUMENTO

Figura 193: VARIAZIONE CORSIE DISPONIBILI – RIDUZIONE

■ Preavviso Deviazione Autocarri In Transito

«Il segnale PREAVVISO DI DEVIAZIONE CONSIGLIATA AUTOCARRI IN TRANSITO deve essere usato per presegnalare l'itinerario **consigliato ai veicoli di massa superiore a 3,5 t** per evitare che attraversino un centro abitato o parte di esso» (art. 135 c. 26 del Reg.).

Figura 194: PREAVVISO DI DEVIAZIONE CONSIGLIATA AUTOCARRI IN TRANSITO

▪ Segnali Di Indicazione Servizi

«*I segnali che forniscono indicazioni di servizi utili devono essere* **collocati in prossimità del servizio segnalato**, *salvo che il cartello sia* **integrato da una freccia indicante la direzione da seguire;** *possono essere abbinati ad un* **pannello integrativo** *modello II.1* **indicante la distanza** *in metri tra il segnale ed il servizio indicato. L'eventuale denominazione può essere riportata nello spazio sottostante il simbolo. I simboli relativi ai segnali di cui al presente articolo possono essere utilizzati, in formato opportunamente ridotto, entro i segnali di preavviso, di preselezione, di direzione e di conferma. Le dimensioni sono riportate nella tabella II.8, salvo diversa indicazione; per le autostrade devono essere adottate dimensioni di 150x225 cm con proporzionale aumento delle altre grandezze. Se il servizio è fornito nell'ambito* **autostradale**, *i segnali sono a fondo* **verde**» (art. 136 c. 1 del Reg.).

Assistenza meccanica

«*Il segnale ASSISTENZA MECCANICA indica una* **officina meccanica** *o similari lungo la viabilità extraurbana*» (art. 136 c. 3 del Reg.).

Figura 195: ASSISTENZA MECCANICA

Telefono

«*Il segnale TELEFONO indica un punto o posto **telefonico pubblico** lungo la viabilità extraurbana*» (art. 136 c. 4 del Reg.).

Figura 196: TELEFONO

Rifornimento

«*Il segnale RIFORNIMENTO indica un **impianto di distribuzione di carburante** lungo la viabilità extraurbana*» (art. 136 c. 5 del Reg.).

Figura 197: RIFORNIMENTO

Fermata autobus

«*Il segnale FERMATA AUTOBUS indica i **punti di fermata** degli **autoservizi di pubblico trasporto extraurbani**. Lo spazio blu sottostante al quadrato bianco col simbolo nero può essere utilizzato per l'**indicazione dei servizi in transito**, loro **destinazioni** ed eventuali **orari**. Se tale spazio non è sufficiente, il segnale è integrato con un pannello modello II.6 avente le dimensioni della tabella II.9. Il segnale può essere usato anche lungo le strade entro il centro abitato*» (art. 136 c. 6 del Reg.).

Figura 198: FERMATA AUTOBUS

Campeggio

«*Il segnale CAMPEGGIO indica la **vicinanza** di una struttura ricettiva attrezzata ed autorizzata per l'attendamento di **campeggiatori** e la **sosta di caravan** e **auto-caravan**. È usato sulla viabilità extraurbana e su quella urbana periferica*» (art. 136 c. 11 del Reg.).

Figura 199: CAMPEGGIO

Parcheggio di scambio

«*I segnali PARCHEGGIO DI SCAMBIO (con autobus, ovvero tram, ovvero metropolitana ed altri servizi di trasporto od itinerari pedonali), indicano od avviano verso un* **parcheggio di scambio** *ubicato e predisposto* **vicino** *ad una* **fermata** *o un capolinea dei* **mezzi di trasporto** *o di itinerari pedonali. Nella zona a destra in basso del segnale possono essere inserite le indicazioni essenziali relative alle destinazioni od ai numeri distintivi delle linee di pubblico trasporto disponibili*» (art. 136 c. 15 del Reg.).

Figura 200: PARCHEGGIO DI SCAMBIO

Auto su treno e auto al seguito

«*Il segnale AUTO SU TRENO E AUTO AL SEGUITO, posto nelle* **vicinanze** *di una stazione ferroviaria, avvia gli automobilisti al servizio di* **trasporto autovetture al seguito del viaggiatore**. *È installato a cura e spese dell'ente ferroviario previo accordo con l'ente propri-*

etario della strada» (art. 136 c. 16 del Reg.).

Figura 201: AUTO SU TRENO

Figura 202: AUTO AL SEGUITO

TAXI

*«Il segnale TAXI indica l'ubicazione di un'**area di sosta riservata alle autovetture in servizio pubblico**. L'area è delimitata da strisce gialle, integrata da iscrizioni orizzontali "TAXI"»* (art. 136 c. 18 del Reg.).

Figura 203: TAXI

Area attrezzata con impianti di scarico

«*Il segnale AREA ATTREZZATA CON IMPIANTI DI SCARICO indica un'**area attrezzata** riservata alla **sosta** e al parcheggio delle auto-caravan dotata di **impianti igienico-sanitari**, atti ad **accogliere** i residui organici e le **acque** chiare e luride, raccolti negli appositi im-pianti interni delle **auto-caravan** e degli altri autoveicoli circolanti su strada dotati di analoghi impianti*» (art. 136 c. 20 del Reg.).

Figura 204: AREA ATTREZZATA CON IMPIANTI DI SCARICO

Polizia

«*Il segnale POLIZIA indica **la sede più vicina di un posto o ufficio di un organo di polizia**. Sul segnale devono essere indicate la località, la via ed il numero di telefono. È installato lungo la viabilità extraur-bana in prossimità degli accessi ai centri abitati*» (art. 136 c. 21 del Reg.).

Figura 205: POLIZIA

SEGNALI TEMPORANEI – SEGNALI DI CANTIERE (ARTT. 30 – 43 DEL REG.)

Sono installati **temporaneamente** in **presenza di cantieri stradali** e sono a **fondo giallo**.

Lavori

«*In prossimità di **cantieri fissi o mobili**, anche se di **manutenzione**, deve essere installato il segnale LAVORI corredato da pannello integrativo indicante l'estesa del cantiere quando il tratto di strada interessato sia più lungo di 100 m*» (art. 31 c. 2 del Reg.).

Figura 206: LAVORI

Semaforo

Posto prima di un restringimento di carreggiata per lavori in corso, presegnala un **impianto semaforico in presenza di un cantiere stradale.**

Figura 207: SEMAFORO

Preavvisi di deviazione

«PREAVVISO DI DEVIAZIONE da porre a 100 m sulla viabilità ordinaria e da porre a 300 m ed a 150 m sulle autostrade e sulle strade extraurbane principali» (art. 43 c. 2 lett. a del Reg.)

Figura 208: PREAVVISO DI DEVIAZIONE

Direzione consigliata

*«Una **deviazione facoltativa solo per una o più particolari categorie di veicoli** deve essere segnalata col segnale di DIREZIONE CONSIGLIATA integrato dal o dai simboli delle categorie veicolari escluse»* (art. 43 c. 2 lett. e del Reg.).

Figura 209: DEVIAZIONE CONSIGLIATA AUTOCARRI

Direzione obbligatoria

«*Una **deviazione obbligatoria solo per una o più particolari categorie di veicoli** deve essere segnalata col segnale di DIREZIONE OBBLIGATORIA integrato dal o dai simboli delle categorie veicolari escluse*» (art. 43 c. 2 lett. d del Reg.).

Figura 210: DIREZIONE OBBLIGATORIA AUTOTRENI ED AUTOARTICOLATI

Barriera normale

«*La barriera "normale" è colorata a strisce alternate oblique bianche e rosse. La larghezza delle strisce rosse deve essere pari a 1,2 volte quella delle strisce bianche. Deve avere un'altezza non inferiore a 20 cm e deve essere posta parallelamente al piano stradale con il bordo inferiore ad altezza non inferiore a 80 cm da terra in posizione tale da renderla visibile anche in presenza di altri mezzi segnaletici di presegnalamento*» (art. 32 c. 4 del Reg.).

Figura 211: BARRIERA NORMALE

Cono

«*Il CONO deve essere usato per* **delimitare ed evidenziare zone di lavoro o operazioni di manutenzione di durata non superiore ai due giorni,** *per il tracciamento di segnaletica orizzontale, per indicare le* **aree interessate da incidenti,** *gli incanalamenti temporanei per posti di blocco, la* **separazione provvisoria di opposti sensi di marcia** *e delimitazione di ostacoli provvisori. Il cono deve essere costituito da materiali flessibili quali gomma o plastica. É di colore rosso con anelli di colore bianco retroriflettenti; le dimensioni, nelle tre versioni e in tutte le sue parti, sono specificate nelle figure. Il cono deve avere una adeguata base di appoggio appesantita dall'interno o dall'esterno per garantirne la stabilità in ogni condizione. La frequenza di posa è di 12 m in rettifilo e di 5 m in curva. Nei centri abitati la spaziatura è dimezzata, salvo diversa distanza necessaria per particolari situazioni della strada e del traffico*» (art. 34 c. 1 del Reg.).

Figura 212: CONO

Passaggio obbligatorio

«*I veicoli operativi, i macchinari e i mezzi d'opera impiegati per i lavori o per la manutenzione stradale, fermi od in movimento se esposti al traffico, devono portare posteriormente un pannello a strisce bianche e rosse, integrato da un segnale di PASSAGGIO OBBLIGATORIO con freccia orientata verso il lato dove il veicolo può essere superato*»* (art. 38 c. 1 del Reg.).

Figura 213: PASSAGGIO OBBLIGATORIO

Presegnale di cantiere mobile con restringimento della carreggiata

«*PRESEGNALAMENTO disposto sulla banchina e spostato in avanti in maniera coordinata all'avanzamento dei lavori, ovvero anche su un primo veicolo a copertura e protezione anticipata e, comunque, ad una distanza che consenta ai conducenti una normale manovra di decelerazione in rapporto alla velocità che gli stessi possono man-*

tenere sia in via legale che in via di fatto sulla tratta stradale consid-erata. La segnaletica di preavviso posta sulla banchina (nei due sensi se necessario) è costituita generalmente di un cartello composito con-tenente il segnale LAVORI, il segnale CORSIE DISPONIBILI, il pannello integrativo indicante la distanza del cantiere, ed eventuali luci gialle lampeggianti» (art. 39 c. 2 lett. a del Reg.).

Figura 214: PRESEGNALAMENTO DI CANTIERE MOBILE CON RESTRINGIMENTO DELLA CARREGGIATA

Corsia o corsie chiuse

*«Il segnale CORSIA O CORSIE CHIUSE deve essere impiegato quando, su una carreggiata a due o più corsie, si **riduce** il numero di quelle disponibili nel senso di marcia. La chiusura di due o più corsie deve essere sfalsata nello spazio in modo da operare la chiusura di una corsia per volta. La rappresentazione grafica del simbolo varia secondo la situazione stradale ed il numero di corsie interessate. Il segnale può essere preceduto dal preavviso, costituito dallo stesso seg-nale corredato da un pannello integrativo indicante la distanza dal punto in cui è localizzata la chiusura»* (art. 43 c. 3 lett. a del Reg.)

Figura 215: CORSIA CHIUSA

Uso corsie

«*Il segnale USO CORSIE può essere impiegato per indicare l'**utilizzo delle corsie disponibili per le diverse categorie di veicoli***» (art. 43 c. 3 lett. d del Reg.).

Figura 216: USO CORSIE

SEGNALI COMPLEMENTARI (ARTT. 173-177 DEL REG.)

Delineatori normali di margine

«*I delineatori normali di margine devono essere installati lungo quei tronchi stradali, fuori dei centri abitati, nei quali la velocità locale predominante, l'andamento plano-altimetrico o le condizioni clima-tiche locali rendono necessario visualizzare a distanza l'andamento dell'asse stradale*» (art. 173 c. 1 del Reg.).

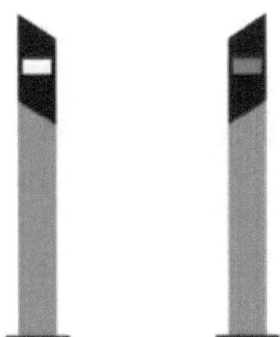

Figura 217: DELINEATORI NORMALI DI MARGINE

Delineatori per gallerie

«*Sono obbligatori nelle gallerie non illuminate ed in quelle non retti-linee, e sono raccomandati in tutte le gallerie almeno per 100 m nel tratto iniziale. Sono costituiti da pannelli rifrangenti di dimensioni di 20 cm di base per 80 cm di altezza, di* **colore giallo** *in* **gallerie a senso unico***. Se la* **galleria è a doppio senso** *di marcia, i pannelli devono essere a doppia faccia,* **rossa in destra e bianca in sinistra***. I pannelli devono essere opportunamente fissati in modo che non possa modificarsi nel tempo la loro posizione; in presenza di barriere di sicurezza non devono sporgere verso la carreggiata rispetto alle barriere stesse. La distanza fra i pannelli deve essere al massimo di 20 m. Tale distanza deve essere opportunamente ridotta fino ad un minimo di 8 m se la galleria è in curva ed in prossimità degli imbocchi, per i primi 10 elementi. I delineatori speciali per gallerie possono essere utilmente impiegati anche per evidenziare deviazioni o strettoie permanenti della carreggiata»* (art. 174 c. 3 lett. a del Reg.).

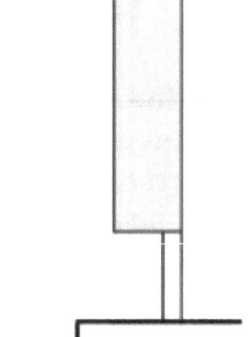

Figura 218: DELINEATORI PER GALLERIE

Delineatori per strade di montagna

«Devono essere usati nelle **strade soggette ad alto innevamento***, la loro ubicazione deve essere scelta in modo che, anche in presenza di forte innevamento, sia* **individuabile il tracciato** *stradale. Possono essere realizzati con materiali e sezioni diverse, purché in grado di resistere alle sollecitazioni proprie dell'ambiente di montagna e a quelle derivanti dalle operazioni di sgombero della neve. Il delineatore, la cui altezza deve essere scelta in modo che non venga coperto dal massimo manto nevoso prevedibile, deve presentare fasce alternate, di altezza ciascuna di 50 cm, di colore giallo e nero. Almeno una delle fasce alte deve essere realizzata con pellicola rifrangente di colore giallo»* (art. 174 c. 3 lett. b del Reg.).

Figura 219: DELINEATORI PER STRADE DI MONTAGNA

Delineatore di curva stretta o di tornante

«*Segnala l'andamento* del percorso di una **curva stretta** permanente, ovvero un "tornante". Il segnale è costituito da un pannello
rettangolare, posto orizzontalmente, recante un disegno a punte di
freccia bianche su fondo nero, orientate nella direzione di marcia del
veicolo cui è diretto. Sulle strade extraurbane è obbligatorio in tutte
le curve di raggio inferiore a 30 m e di sviluppo tale da determinare
mancanza di visibilità. Tale pannello va installato sul lato esterno
della curva in posizione mediana e ortogonalmente alla visuale dei
conducenti cui è rivolto. Nelle strade a doppio senso di marcia i segnali in questione devono essere posti in opera orientati per ogni direzione di marcia, in modo da essere visibili soltanto dalla parte del
conducente cui si riferiscono» (art. 174 c. 3 lett. c del Reg.).

Figura 220: DELINEATORE DI CURVA STRETTA O DI TORNANTE

Delineatore per intersezioni a "T"

«*Deve essere posto* **di fronte** *al ramo della intersezione che non
prosegue, al di sotto del gruppo o dei gruppi segnaletici di direzione,
ove esistenti, e parallelamente alla strada che continua. É costituito
da un pannello rettangolare posto con il lato maggiore orizzontale recante un disegno a punte di freccia bianche su fondo nero, orientate
nelle due direzioni esterne. É obbligatorio, essendo l'unico dispositivo
di segnalamento di tale punto anomalo*» (art. 174 c. 3 lett. d del

Reg.).

Figura 221: DELINEATORE PER INTERSEZIONI A "T"

Delineatori modulari di curva

«*Sono da considerare una sezione modulare del delineatore di curva stretta. Sono impiegati in serie di più elementi per* **evidenziare** *il* **lato esterno delle curve** *stradali di raggio superiore a 30 m e curve autostradali, quando sia necessario migliorare la visibilità dell'andamento della strada a distanza. Sono costituiti da un pannello quadrato delle dimensioni di 60 x 60 cm sulla viabilità ordinaria e 90 x 90 cm sulle autostrade e strade extraurbane principali, con un disegno a punta di freccia bianca su fondo nero. Lo spaziamento longitudinale fra gli elementi è di massima quello previsto dalla tabella seguente; esso deve essere tale che, in ogni caso, almeno tre delineatori devono essere sempre nel cono visivo del conducente*» (art. 174 c. 3 lett. e del Reg.).

Figura 222: DELINEATORI MODULARI DI CURVA

Delineatori speciali di ostacolo

«*I dispositivi a luce riflessa, denominati delineatori speciali di ostacolo, sono in genere a sezione semicircolare, per consentire una buona individuazione da diverse posizioni di avvicinamento ed hanno uno sviluppo minimo di 40 cm di semicirconferenza per 50 cm di altezza. Devono essere completamente rifrangenti e, se usati in sostituzione delle colonnine luminose o in combinazione con esse, sono di colore giallo*» (art. 177 c. 6 del Reg.).

Figura 223: DELINEATORI SPECIALI DI OSTACOLO

SEGNALE DI IDENTIFICAZIONE CAVALCAVIA

Per motivi di sicurezza e di ordine pubblico, è stato deciso di **numerare** tutti i cavalcavia e sovrappassi con un segnale riportante:

- il **numero progressivo del sovrappasso** a partire dall'origine della strada nella **parte bassa**;
- l'**indicazione dell'autostrada o strada extraurbana** su cui si trova il cavalcavia nella **parte alta**.

Figura 224: SEGNALE DI IDENTIFICAZIONE CAVALCAVIA

LANTERNE SEMAFORICHE (ARTT. 41 DEL C.D.S. E 159-166 DEL REG.)

☐ LANTERNE SEMAFORICHE VEICOLARI NORMALI

«*Le luci delle lanterne semaforiche veicolari normali sono di forma circolare e di colore:*

- *rosso, con significato di **arresto**;*
- *giallo, con significato di **preavviso di arresto**;*
- *verde, con significato di **via libera**»* (art. 41 c. 2 del C.d.S.).

«*Le lanterne semaforiche veicolari normali sono a luci colorate di forma circolare, disposte verticalmente nel seguente modo: luce rossa in alto, luce gialla al centro e luce verde in basso.*

Nei casi in cui le lanterne semaforiche veicolari sono incorporate nella segnaletica di indicazione posta al di sopra della carreggiata, la disposizione delle luci può essere orizzontale con luce rossa a sinistra, luce gialla al centro e luce verde a destra.

La sequenza di accensione delle luci è la seguente:

a) luce verde,

b) luce gialla,

c) luce rossa.

Nei sensi unici alternati, la lanterna semaforica veicolare normale può essere integrata da una seconda luce rossa, posta al di sopra di essa, in modo da assicurare la segnalazione di rosso anche in caso di bruciatura della lampada di una delle due luci.

Se la manovra di svolta a destra è consentita con continuità, la lanterna semaforica veicolare normale può essere integrata con una luce verde direzionale posizionata in basso, a destra della luce verde veicolare» (art. 159 del Reg.).

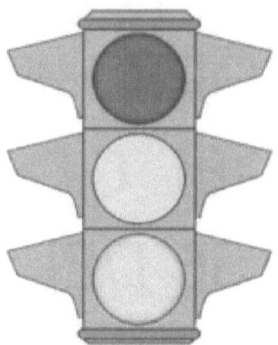

Figura 225: LANTERNA SEMAFORICA VERTICALE

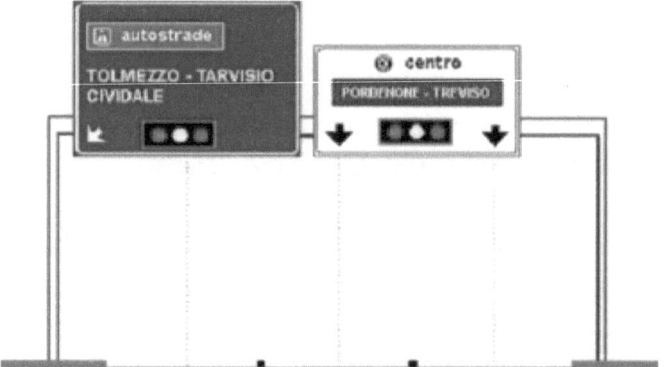

Figura 226: LANTERNE SEMAFORICHE ORIZZONTALI INCORPORATE NELLE SEGNALETICHE DI INDICAZIONE

☐ Lanterne Semaforiche Veicolari Di Corsia

*«Le luci delle lanterne semaforiche di corsia sono a forma di freccia colorata su fondo nero, i colori sono rosso, giallo e verde; il significato è identico a quello delle luci di cui al comma 2, ma **limitatamente ai veicoli che devono proseguire nella direzione indicata dalla frec-cia»*** (art. 41 c. 3 del C.d.S.).

«*Le lanterne semaforiche veicolari di corsia sono a tre luci a forma di frecce luminose su fondo nero circolare disposte verticalmente nel seguente modo: freccia rossa in alto, freccia gialla al centro, freccia verde in basso.*

La sequenza di accensione delle luci è identica a quella prevista dall'articolo 159, comma 3.

Le lanterne semaforiche veicolari di corsia possono essere usate solo in presenza, sulla carreggiata stradale, di corsie specializzate per le manovre relative alle direzioni indicate dalle frecce e solo se la suddivisione delle correnti di traffico in fasi semaforiche lo richiede.

Le frecce possono avere qualsiasi inclinazione, coerentemente con il ramo dell'intersezione verso cui devono dirigersi i veicoli.

Nelle intersezioni tra strade formanti angolo retto o prossimo a 90°, nel caso in cui esista una corsia mista per due manovre, le relative frecce colorate possono essere accoppiate in un'unica luce» (art. 160 del Reg.).

Figura 227: LANTERNE SEMAFORICHE VEICOLARI DI CORSIA

☐ Lanterne Semaforiche Per Veicoli Di Trasporto Pubblico

«*Le luci delle lanterne semaforiche per i **veicoli di trasporto pubblico** sono a forma di **barra bianca** su fondo nero, **orizzontale** con significato di **arresto**, **verticale** o **inclinata a destra o sinistra** con significato di **via libera**, rispettivamente **diritto**, a **destra** o **sinistra**, e di un **triangolo giallo** su fondo nero, con significato di **preavviso di*** *arresto*» (art. 41 c. 4 del C.d.S.).

«*Le lanterne semaforiche per i veicoli di trasporto pubblico sono des-*
tinate esclusivamente a tale tipo di veicoli e possono essere a tre o più
luci con i seguenti simboli:
a) barra bianca orizzontale su fondo nero;
b) triangolo giallo, con la punta rivolta verso l'alto, sfondo nero;
c) barra bianca verticale su fondo nero;
d) barra bianca inclinata a destra su fondo nero;
e) barra bianca inclinata a sinistra su fondo nero.
La disposizione delle luci è verticale: barra bianca orizzontale in alto,
triangolo giallo al centro e barra bianca verticale in basso; le luci
con barra bianca inclinata, qualora necessarie, devono essere poste
in basso in sostituzione della luce con barra bianca verticale ovvero
all'altezza di essa rispettivamente a destra per la luce di cui alla lettera
d), ed a sinistra per la luce di cui alla lettera e), del comma 1.
La sequenza di accensione delle luci è la seguente:
a) barra bianca verticale o inclinata a destra o inclinata a sinistra;
b) triangolo giallo;
c) barra bianca orizzontale.
Le lanterne semaforiche per i veicoli di trasporto pubblico vanno
usate unicamente quando le lanterne veicolari normali o di corsia
possono ingenerare confusione all'avanzamento delle varie correnti
di traffico veicolare» (art. 161 del Reg.).

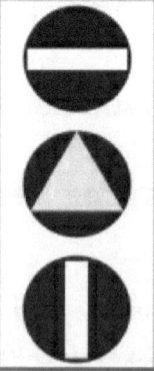

Figura 228: LANTERNA SEMAFORICA PER
VEICOLI DI TRASPORTO PUBBLICO

☐ Lanterne Semaforiche Pedonali

«Gli **attraversamenti pedonali** semaforizzati possono essere dotati di segnalazioni acustiche per non vedenti. Le **luci** delle lanterne semaforiche pedonali sono a forma di pedone colorato su fondo nero. I colori sono:

a) **rosso**, con significato di **arresto** e non consente ai **pedoni** di effettuare l'attraversamento, né di impegnare la carreggiata;

b) **giallo**, con significato di **sgombero** dell'attraversamento pedonale e consente ai **pedoni** che si trovano all'interno dello attraversamento di sgombrarlo il più **rapidamente** possibile e vieta a quelli chi si trovano sul marciapiede di impegnare la carreggiata;

c) **verde**, con significato di **via libera** e consente ai pedoni l'**attraversamento della carreggiata** nella sola direzione consentita dalla luce verde» (art. 41 c. 5 del C.d.S.).

«Le lanterne semaforiche pedonali sono destinate esclusivamente alla regolazione degli attraversamenti pedonali semaforizzati; esse sono a tre luci con i seguenti simboli:

a) pedone rosso su fondo circolare nero; la sagoma del pedone è in atteggiamento di attesa;

b) pedone giallo su fondo circolare nero; la sagoma del pedone è in atteggiamento di attesa;

c) pedone verde su fondo circolare nero; la sagoma del pedone è in atteggiamento di movimento.

La disposizione delle luci è verticale: pedone rosso in alto, pedone giallo al centro e pedone verde in basso.

La sequenza di accensione delle luci è la seguente:

a) pedone verde,

b) pedone giallo,

c) pedone rosso.

Il tempo di sgombero dell'attraversamento pedonale è contrassegnato da un tempo di giallo di durata sufficiente ai pedoni per completare l'attraversamento, prima che abbia luogo l'accensione della luce verde per i veicoli in conflitto con essi.

Le segnalazioni acustiche per i non vedenti previste dall'articolo 41, *comma 5, del Codice, sono a tre fasi:*

a) emissione di un suono ad intermittenza con frequenza di 60 im-pulsi al minuto primo con significato di via libera, in sincrono con la luce verde;

b) emissione di un suono ad intermittenza con frequenza di 120 impulsi al minuto primo con significato di arresto o di sgombero dell'area del passaggio pedonale se lo stesso è stato già impegnato, in sincrono con la luce gialla;

c) assenza di suono con significato di arresto, in sincrono con la luce rossa.

Le segnalazioni di cui al comma 5 possono essere a funzionamento continuo o a chiamata. Nel primo caso la sequenza delle fasi si ripete ad ogni ciclo semaforico. Nel secondo si attua per una sola volta in corrispondenza del primo ciclo utile successivo alla chiamata.

Il livello delle emissioni sonore deve essere tarato per ogni impianto in maniera che, tenuto conto del livello sonoro di fondo, sia distinta-mente percettibile senza arrecare disturbo» (art. 162 del Reg.).

Figura 229: LANTERNA SEMAFORICA PEDONALE

☐ Lanterne Semaforiche Per Velocipedi

*«Le luci delle **lanterne semaforiche per velocipedi** sono a forma di bicicletta colorata su fondo nero; i colori sono **rosso**, **giallo** e **verde**; il significato è identico a quello delle luci di cui al comma 2 ma limita-tamente ai velocipedi provenienti da una pista ciclabile»* (art. 41 c. 6 del C.d.S.).

«Le lanterne semaforiche per velocipedi sono destinate esclusiva-mente alla regolazione degli attraversamenti ciclabili semaforizzati; esse sono a tre luci con i seguenti simboli:

a) bicicletta rossa su fondo circolare nero;

b) bicicletta gialla su fondo circolare nero;

c) bicicletta verde su fondo circolare nero.

La disposizione delle luci è verticale: bicicletta rossa in alto, bicicletta gialla al centro e bicicletta verde in basso.

La sequenza di accensione delle luci è la seguente:

a) bicicletta verde;

b) bicicletta gialla;

c) bicicletta rossa.

Le lanterne semaforiche per velocipedi vanno usate solo in corri-spondenza di piste ciclabili; in assenza di tali piste vanno adottate le normali lanterne pedonali in quanto i conducenti dei velocipedi devono seguire un comportamento identico a quello dei pedoni» (art. 163 del Reg.).

Figura 230: LANTERNA SEMAFORICA PER VELOCIPEDI

☐ Lanterne Semaforiche Veicolari Per Corsie Reversibili

«Le luci delle lanterne semaforiche per **corsie reversibili** *sono* **rossa a forma di X**, *con significato di divieto di percorrere la corsia o di impegnare il varco sottostante la luce, e* **verde a forma di freccia** *con significato di consenso a percorrere la corsia o ad impegnare il varco*

sottostante la luce» (art. 41 c. 7 del C.d.S.).

«Le lanterne semaforiche veicolari per corsie reversibili hanno lo scopo di consentire la reversibilità del senso di marcia su determinate corsie di una carreggiata suddivisa in **tre o più corsie** *oppure su determinati* **varchi di stazioni autostradali** *o, in genere, di barriere di controllo o di pedaggio; tali lanterne devono essere disposte orizzontalmente al di sopra della corsia di marcia cui si riferiscono e presentano due luci:*

a) luce rossa, a forma di X su fondo nero, posta a sinistra;

b) luce verde, a forma di freccia verticale su fondo nero con la punta diretta verso il basso, posta a destra.

Nel caso di carreggiate suddivise in tre o più corsie, di cui quelle centrali reversibili, le due luci di cui al comma 1 devono essere integrate da una luce a forma di **freccia gialla**, *su fondo nero,* **lampeggiante**, *inclinata verso il basso a destra o sinistra; questa freccia ha lo scopo di indicare al conducente l'obbligo di abbandonare la corsia in cui si trova spostandosi verso la direzione indicata dalla freccia gialla lampeggiante.*

Almeno una delle due lanterne di cui al comma 1, lettere a) e b), deve essere collocata, coerentemente con il senso di marcia, anche sulle corsie non reversibili» (art. 164 del Reg.).

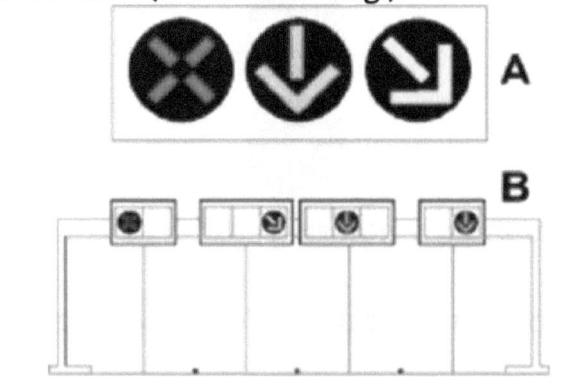

Figura 231: LANTERNE SEMAFORICHE VEICOLARI PER CORSIE REVERSIBILI

☐ Lanterne Semaforiche Gialle Lampeggianti

«In presenza di una luce gialla lampeggiante, di cui al comma 1 lettera

i), i veicoli possono procedere purché a **moderata velocità** *e con particolare* **prudenza**, *rispettando le norme di precedenza»* (art. 41 c. 17 del C.d.S.).

«Le lanterne semaforiche gialle lampeggianti sono di tre tipi:

a) una o due luci circolari lampeggianti;

b) una luce circolare lampeggiante con il simbolo di un pedone giallo su fondo nero, in atteggiamento di movimento;

c) una luce circolare lampeggiante con il simbolo di una bicicletta gialla su fondo nero.

Le luci di cui al comma 1, lettera a), possono essere installate sulle intersezioni o in corrispondenza di **punti pericolosi** *in cui si vuole richiamare l'attenzione dei conducenti invitandoli ad assumere una velocità moderata e ad usare particolare prudenza; possono essere, altresì, adottate entro il segnale di pericolo SEMAFORO con diametro pari a quello del disco giallo inserito nello stesso o installate al di sopra del segnale.*

Le luci di cui al comma 1, lettere b) e c), possono essere adottate sugli impianti semaforici, nei casi in cui si può ammettere il conflitto tra veicoli che effettuano una manovra di **svolta a destra** *ed i pedoni o i ciclisti che transitano sugli attraversamenti antistanti la corsia da cui ha inizio la manovra di svolta a destra dei veicoli.*

Durante il periodo di accensione delle luci gialle di cui al comma 1, lettere b) e c), i veicoli in manovra di svolta su intersezione semaforizzata possono procedere dando la **precedenza ai pedoni** *o ai* **velocipedi** *che percorrono l'attraversamento antistante la corsia da cui ha inizio la manovra di svolta»* (art. 165 del Reg.).

Figura 232: LANTERNE SEMAFORICHE GIALLE LAMPEGGIANTI

☐ Lanterne Semaforiche Speciali

«Le lanterne semaforiche speciali sono:
a) una luce rossa circolare lampeggiante;
b) due **luci rosse** circolari, disposte orizzontalmente o verticalmente, **lampeggianti alternativamente**;
c) lanterna semaforica di "onda verde".
Le lanterne di cui al comma 1, lettere a) e b), sono usate esclusivamente nei seguenti casi: ai **passaggi a livello**, agli **accessi dei ponti mobili** o dei **pontili di imbarco** delle navi traghetto e sulle strade su cui sia necessario arrestare il traffico all'avvicinarsi di **velivoli in fase di atterraggio o di decollo**. La lanterna di cui al comma 1, lettera a), con luce rossa fissa è usata nei passaggi a livello con barriere.
Durante il periodo di **accensione** delle luci rosse di cui al comma 1, lettere a) e b), i veicoli **non** devono **superare** la **striscia di arresto**; in mancanza di tale striscia, i **veicoli non devono impegnare l'eventuale area di intersezione**, né l'attraversamento pedonale antistante, né oltrepassare il segnale, in modo da poterne osservare le indicazioni; all'atto dello **spegnimento** delle luci, i veicoli possono procedere nella loro **marcia**.
Le **lanterne** di cui al comma 1, lettera c), sono a una o più luci circolari, riportanti con numeri bianchi su fondo nero le indicazioni relative alla **velocità**, espressa in km/h, di coordinazione degli im-

pianti semaforici di un itinerario.

Le lanterne di cui al comma 1, lettera c), possono essere adottate sugli itinerari comprendenti più intersezioni semaforizzate e coordinate tra loro e vanno installate sui rami di uscita dalle intersezioni.

Le indicazioni fornite dalle luci di cui al comma 1, lettera c), consigli dal ramo dell'intersezione su cui è posta la lanterna, la velocità da mantenere nel rispetto di tutte le altre norme di comportamento, allo scopo di poter trovare la via libera alla successiva intersezione sema-forizzata» (art. 166 del Reg.).

Figura 233: LANTERNA SEMAFORICA DI "ONDA VERDE"

SEGNALAZIONI DEGLI AGENTI DEL TRAFFICO (ARTT. 43 DEL C.D.S. E 181-183 DEL REG.)

«Le **prescrizioni** date mediante segnalazioni eseguite dagli **agenti annullano** ogni **altra prescrizione** data a mezzo della segnaletica stradale ovvero delle norme di circolazione» (art. 43 c. 2 del C.d.S.).
«Gli agenti, per esigenze connesse con la fluidità o con la sicurezza della circolazione, possono altresì far **accelerare o rallentare** la marcia dei veicoli, **fermare o dirottare** correnti veicolari o singoli veicoli, nonché **dare altri ordini** necessari a risolvere situazioni contingenti, **anche se in contrasto** con la segnaletica esistente, ovvero con le norme di circolazione» (art. 43 c. 5 del C.d.S.).

☐ Vigile A Braccia Aperte Distese Perpendicolarmente Alla Nostra Direzione Di Marcia

Equivale alla luce rossa del semaforo. Non si può né attraversare l'incrocio e neanche svoltare a destra o a sinistra. Possono passare i veicoli che percorrono la strada incrociante.

Figura 234: VIGILE A BRACCIA APERTE DISTESE PERPENDI-COLARMENTE ALLA NOSTRA DIREZIONE DI MARCIA

☐ Vigile A Braccia Distese Orizzontalmente Lungo La Nostra Direzione Di Marcia

Equivale alla luce verde del semaforo. È consentito il passaggio, perciò possiamo attraversare l'incrocio o svoltare a destra o a sinistra.

Figura 235: VIGILE A BRACCIA DISTESE ORIZZONTALMENTE LUNGO LA NOSTRA DIREZIONE DI MARCIA

☐ Vigile Con Un Braccio Alzato Verticalmente

Equivale alla luce gialla fissa del semaforo. Preannuncia un cambiamento della direzione di marcia consentita, perciò dobbiamo **arrestarci prima dell'incrocio** se possiamo farlo **in condizioni di sicurezza** o **sgomberarlo sollecitatamene** se l'abbiamo **già impegnato**.

Figura 236: VIGILE CON UN BRACCIO ALZATO VERTICALMENTE

☐ Vigile Con Braccia Distese Orizzontalmente E Perpendicolarmente Tra Loro, Con Il Braccio Destro In Avanti

Ferma la corrente veicolare proveniente dalla sua destra e vieta di proseguire diritto ai veicoli che gli vengono di fronte od alle spalle. **Consente di proseguire diritto, svoltare a sinistra** o a **destra** ai **veicoli provenienti dalla sua sinistra**.

Figura 237: VIGILE CON BRACCIA DISTESE ORIZZONTALMENTE E PERPENDICOLARMENTE TRA LORO, CON IL BRACCIO DESTRO IN AVANTI

☐ Altre Segnalazioni Degli Agenti Del Traffico

«*Altre segnalazioni manuali degli agenti preposti alla regolazione del traffico sono:*
a) l'oscillazione di una luce rossa con significato di "arresto" per gli

utenti della strada verso i quali la luce rossa è diretta;
*b) l'**intimazione dell'alt** o di **via libera** effettuata con l'**apposito segnale distintivo** di cui all'articolo 24»* (art. 181 c. 2 del Reg.).

«*Quando sia necessario **arrestare tutta la circolazione per consentire il passaggio di veicoli adibiti a servizi di polizia o antincendio e delle autoambulanze**, nell'espletamento di servizi urgenti di istituto, l'agente preposto alla regolazione del traffico deve fare uso di un **fischietto** emettendo un **suono prolungato**. A questo segnale i veicoli ed i pedoni in procinto di impegnare una intersezione devono immediatamente fermarsi fino al successivo segnale di **via libera**, dato con **due suoni brevi di fischietto**. Quelli che si trovano entro l'area di intersezione devono affrettarsi a sgomberarla.*

*Un suono prolungato di fischietto, in altre circostanze, può essere utilizzato per **intimare l'alt al trasgressore di norme della circolazione**»* (art. 182 del Reg.).

SEGNI ORIZZONTALI (ARTT. 40 DEL C.D.S. E 137-155 DEL REG.)

«*I segnali orizzontali, tracciati sulla strada, servono per regolare la circolazione, per guidare gli utenti e per fornire prescrizioni od utili indicazioni per particolari comportamenti da seguire*» (art. 40 c. 1 del C.d.S.).

«*I segnali orizzontali sono usati da soli, con autonomo valore prescrittivo quando non siano previsti altri specifici segnali, ovvero per integrare altri segnali*» (art. 137 c. 2 del Reg).

STRISCE LONGITUDINALI

«*Le strisce longitudinali possono essere* **continue** *o* **discontinue**. *Le continue, ad eccezione di quelle che delimitano le corsie di emergenza, indicano il limite invalicabile di una corsia di marcia o della carreggiata; le discontinue delimitano le corsie di marcia o la carreggiata*» (art. 40 c. 3 del C.d.S.).

«*Le strisce longitudinali si suddividono in:*
a) strisce di **separazione dei sensi di marcia**;
b) strisce di **corsia**;
c) strisce di **margine** *della* **carreggiata**;
d) strisce di **raccordo**;
e) strisce di **guida** *sulle* **intersezioni**» (art. 138 c. 2 del Reg.).

Le lunghezze dei tratti e degli intervalli delle strisce discontinue sono stabilite nella seguente tabella:

Tipo di striscia	Tratto m	Intervallo m	Ambito di applicazione
A	4,5	7,5	Per separazione dei sensi di marcia e delle corsie di marcia nei tratti con velocità di progetto superiore a 110 km/h
B	3,0	4,5	Per separazione dei sensi di marcia e delle corsie di marcia nei tratti con velocità di progetto tra 50 e 110 km/h
C	3,0	3,0	Per separazione dei

			sensi di marcia e delle corsie di marcia nei tratti con velocità non superiore a 50 km/h o in galleria
D	4,5	1,5	Per strisce di preavviso dello approssimarsi di una striscia continua
E	3,0	3,0	Per delimitare le corsie di accelerazione e decelerazione
F	1,0	1,0	Per strisce di margine, per interruzione di linee continue in corrispondenza di accessi laterali o di passi carrabili
G	1,0	1,5	Per strisce di guida sulle intersezioni
H	4,5	3	Per strisce di separazione delle corsie reversibili

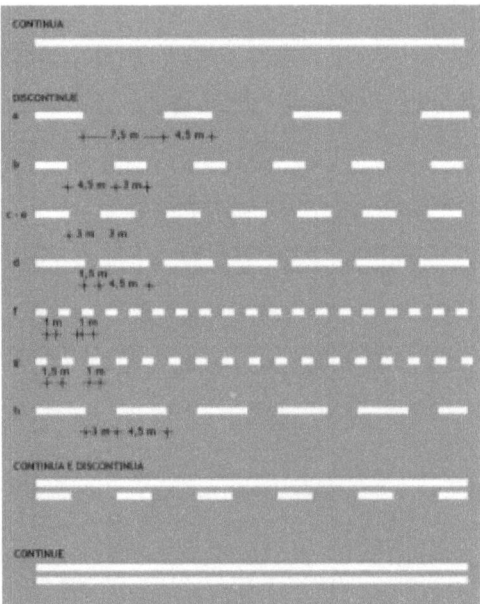

Figura 238: STRISCE LONGITUDINALI

☐ Strisce Di Separazione Dei Sensi Di Marcia

«La separazione dei sensi di marcia si realizza mediante una o due strisce longitudinali affiancate di colore bianco e di uguale larghezza; la distanza tra le due strisce affiancate deve essere non inferiore alla larghezza di una di esse.

La striscia di separazione dei sensi di marcia deve essere continua:

a) sulle carreggiate con una corsia per senso di marcia, allorché non si voglia consentire l'occupazione, neppure momentanea, della corsia adiacente per il sorpasso;

b) in prossimità delle intersezioni a raso;

c) nelle zone di attestamento;

d) in prossimità degli attraversamenti pedonali e di quelli ciclabili;

e) in prossimità di tratti stradali in cui la visibilità è ridotta, come nelle curve e sui dossi;

f) in prossimità dei passaggi ferroviari a livello;

g) in prossimità delle strettoie.

Lungo le curve, sui dossi e nelle strettoie, non disciplinate con senso unico alternato, la striscia continua di separazione dei sensi di marcia deve avere lunghezza tale da impedire l'occupazione della corsia adiacente, per tutto il tratto in cui la visibilità non è sufficiente.

Due strisce affiancate, di cui una continua ed una discontinua, devono essere impiegate allorché uno dei due sensi di marcia dispone di una distanza di visibilità ridotta, ovvero per consentire la possibilità di sorpasso ai veicoli in uscita dalle aree di intersezione; la lunghezza di tali strisce affiancate non deve essere inferiore a 30 m.

Nel caso di due strisce affiancate, di cui una continua ed una discontinua, la striscia continua non impedisce al conducente, che ha effettuato un sorpasso consentito, di riprendere la sua posizione normale sulla carreggiata.

Due strisce affiancate continue devono essere tracciate per separare i sensi di marcia nei seguenti casi:

a) nelle strade a carreggiata unica a due o più corsie per senso di marcia;

b) quando due o più corsie nello stesso senso di marcia sono delimi-

tate da strisce continue;

c) quando la separazione dei sensi di marcia non coincide con l'asse della carreggiata;

d) quando si predispone uno spartitraffico, anche senza apposito manufatto, per conferire maggiore sicurezza alla circolazione distanziando i due sensi di marcia; in questo caso, se lo spazio tra le due strisce è superiore a 50 cm, esso dovrà essere evidenziato con le zebrature di cui all'articolo 150, comma 2.

In presenza di sistemi di regolazione del traffico con corsie reversibili, le strisce di separazione delle corsie sono discontinue, del tipo "h" di cui alla tabella dell'articolo 138, comma 3, e i conducenti possono effettuare il cambio di corsia solo se autorizzati dalla apposita segnaletica semaforica.

In tutti gli altri casi non previsti dal presente articolo le strisce di separazione dei sensi di marcia devono essere discontinue.

Le strisce continue possono essere interrotte in corrispondenza di strade o accessi laterali, sempre che sia garantita una sufficiente visibilità per le manovre di attraversamento o di svolta.

Le strisce longitudinali continue, connesse a strisce trasversali, che servono a delimitare gli stalli di sosta, possono essere sorpassate per la effettuazione delle manovre connesse con la sosta.

Per preavvisare i conducenti dell'approssimarsi di una striscia longitudinale continua di separazione dei sensi di marcia, si possono adottare strisce longitudinali discontinue del tipo "d", di cui alla tabella dell'articolo 138, comma 3» (art. 139 del Reg.).

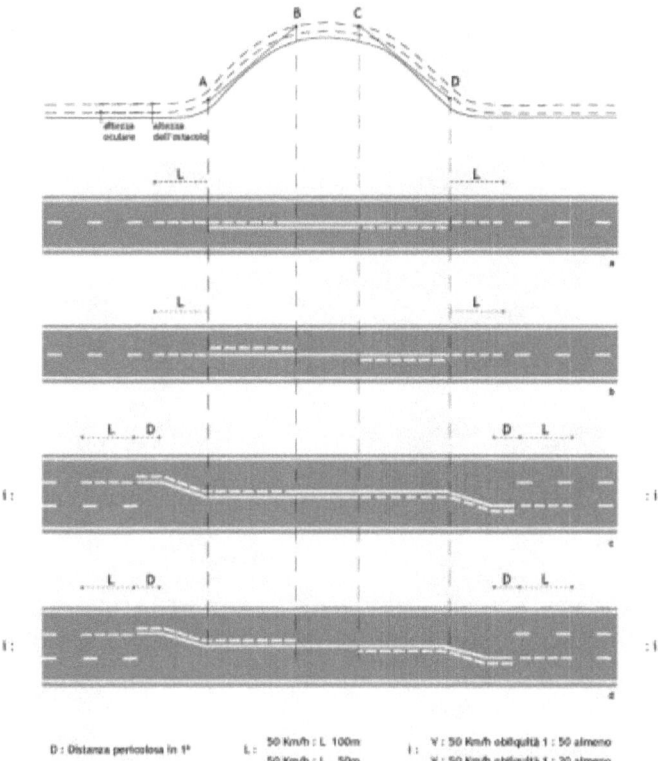

Figura 239: SEGNALAMENTO ORIZZONTALE DI STRADA A DOPPIO SENSO IN CURVA VERTICALE CON LIMITAZIONE DELLA DISTANZA DI VISIBILITA'

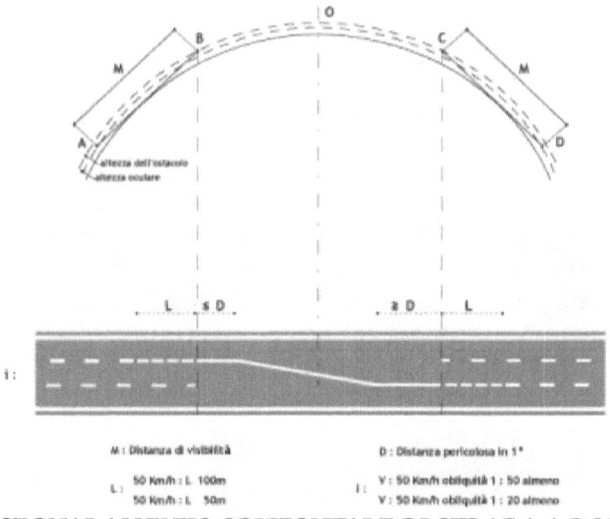

Figura 240: SEGNALAMENTO ORIZZONTALE DI STRADA A DOPPIO SENSO IN CURVA VERTICALE CON LIMITAZIONE DELLA DISTANZA DI VISIBILITA'

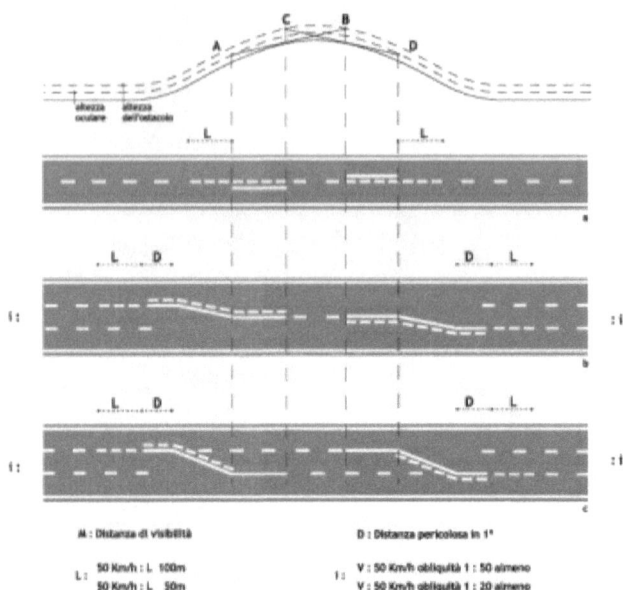

**Figura 241: SEGNALAMENTO ORIZZONTALE DI STRADA A DOPPIO SENSO
IN CURVA VERTICALE CON LIMITAZIONE DELLA DISTANZA DI VISIBILITA'**

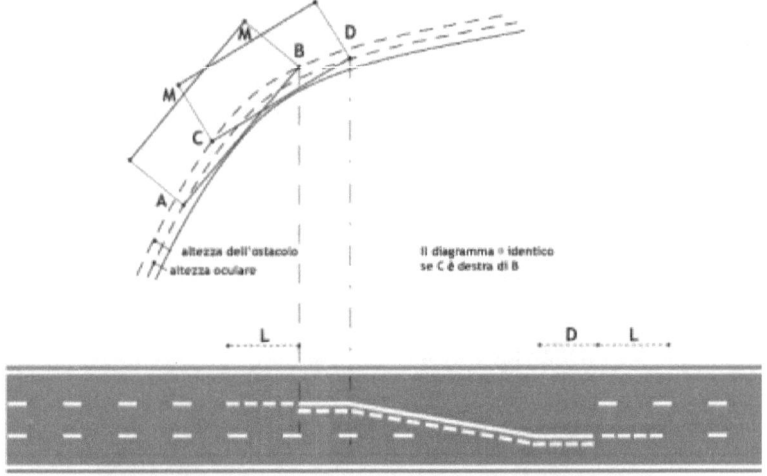

**Figura 242: SEGNALAMENTO ORIZZONTALE DI
STRADA A DOPPIO SENSO IN CURVA ORIZZONTALE CON
LIMITAZIONE DELLA DISTANZA DI VISIBILITA'**

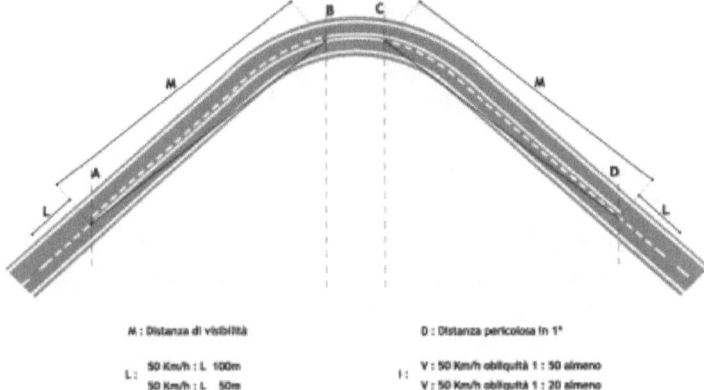

Figura 243: SEGNALAMENTO ORIZZONTALE DI STRADA A DOPPIO SENSO IN CURVA ORIZZONTALE CON LIMITAZIONE DELLA DISTANZA DI VISIBILITA'

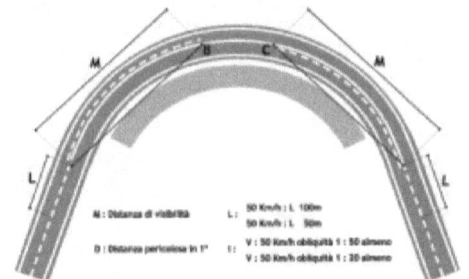

Figura 244: SEGNALAMENTO ORIZZONTALE DI STRADA A DOPPIO SENSO IN CURVA ORIZZONTALE CON LIMITAZIONE DELLA DISTANZA DI VISIBILITA'

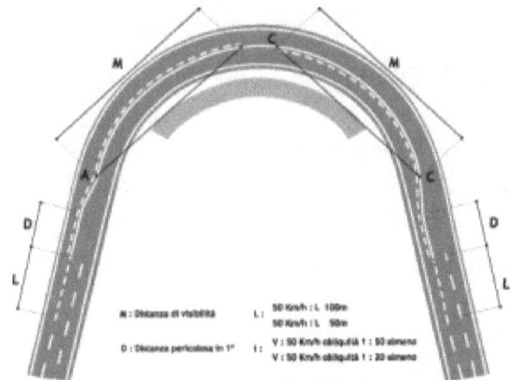

Figura 245: SEGNALAMENTO ORIZZONTALE DI STRADA A DOPPIO SENSO IN CURVA ORIZZONTALE CON LIMITAZIONE DELLA DISTANZA DI VISIBILITA'

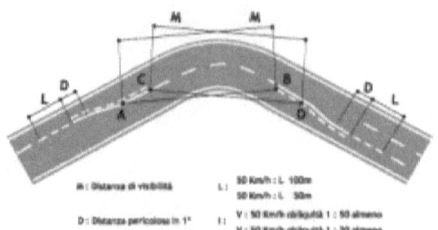

**Figura 246: SEGNALAMENTO ORIZZONTALE DI
STRADA A DOPPIO SENSO IN CURVA ORIZZONTALE CON
LIMITAZIONE DELLA DISTANZA DI VISIBILITA'**

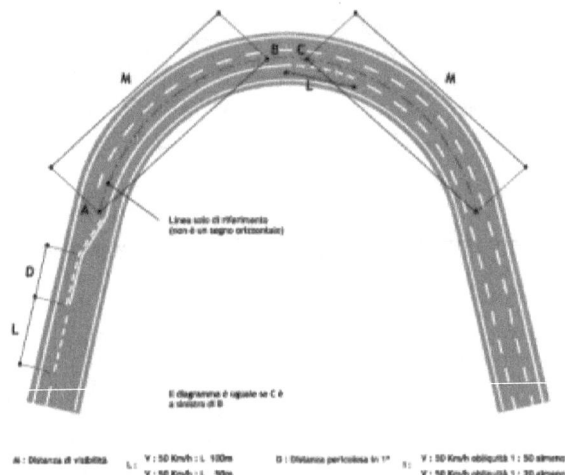

**Figura 247: SEGNALAMENTO ORIZZONTALE DI
STRADA A DOPPIO SENSO IN CURVA ORIZZONTALE CON
LIMITAZIONE DELLA DISTANZA DI VISIBILITA'**

☐ Strisce Di Corsia

«Il modulo di corsia, inteso come distanza tra gli assi delle strisce che delimitano la corsia, è funzione della sua destinazione, del tipo di strada, del tipo di veicoli in transito e della sua regolazione; il modulo va scelto tra i seguenti valori: 2,75 m - 3 m - 3,25 m - 3,5 m - 3,75 m; mentre per le corsie di emergenza il modulo va scelto nell'intervallo tra 2 e 3,5 m.

Negli attestamenti delle intersezioni urbane il m corsia può essere ridotto a 2,5 m, purché le corsie che adottano tale modulo non siano percorse dal trasporto pubblico o dal traffico pesante.

La larghezza delle corsie di marcia lungo le strade deve essere mantenuta il più possibile costante, salvo che in prossimità delle intersezioni o in corrispondenza dei salvagenti posti sulle fermate dei tram; in curva deve essere realizzato idoneo allargamento in funzione del tipo di veicoli in transito e del raggio di curvatura.

Nelle zone di attestamento, in prossimità delle intersezioni, le strisce di separazione delle corsie di marcia devono essere continue, nel tratto immediatamente precedente la striscia di arresto, per una lunghezza minima di 30 m.

Le strisce di corsia delle strade con diritto di precedenza possono essere prolungate all'interno delle aree di intersezione, purché tracciate in modo discontinuo; tuttavia le strisce di corsia non possono essere prolungate all'interno delle aree di intersezione, qualora esistano le strisce di guida di cui all'articolo 143.

Le corsie riservate, qualora non protette da elementi in elevazione sulla pavimentazione, sono separate dalle altre corsie di marcia mediante due strisce continue affiancate, una bianca di 12 cm di larghezza ed una gialla di 30 cm, distanziate tra loro di 12 cm; la striscia gialla deve essere posta sul lato della corsia riservata.

Le piste ciclabili, qualora non protette da elementi in elevazione sulla pavimentazione, sono separate dalle corsie di marcia mediante due strisce continue affiancate, una bianca di 12 cm di larghezza ed una gialla di 30 cm distanziate tra loro di 12 cm; la striscia gialla deve essere posta sul lato della pista ciclabile» (art. 140 del Reg.).

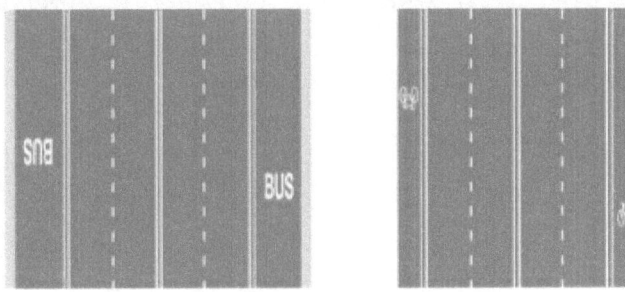

Figura 248: STRISCE DI CORSIA

☐ Strisce Di Margine Della Carreggiata

«*I margini della carreggiata sono segnalati con strisce di colore bianco.*

Le strisce di margine sono **continue** *in corrispondenza delle corsie di emergenza e delle banchine; esse possono essere realizzate nei tratti di strada in cui vige il divieto di sosta.*

Le strisce di margine sono **discontinue** *in corrispondenza di una strada con obbligo di dare precedenza, di diramazioni, di corsie di accelerazione e decelerazione, di piazzole o zone di sosta e di passi carrabili.*

La larghezza minima delle strisce di margine è di 25 cm per le autostrade e le strade extraurbane principali, ad eccezione delle rampe, di 15 cm per le rampe delle autostrade e delle strade extraurbane principali, per le strade extraurbane secondarie, urbane di scorrimento ed urbane di quartiere e di 12 cm per le strade locali.

Le strisce di margine delle autostrade e delle strade extraurbane principali, nelle zone di nebbia o in quelle in cui si verificano frequenti condizioni atmosferiche avverse, possono essere dotate di elementi in rilievo che producono un effetto sonoro o inducono una vibrazione sul veicolo, per avvertire il conducente della sua posizione rispetto al margine della carreggiata; tale accorgimento può essere adottato tutte le volte che sia ritenuto necessario. In tale caso lo spessore della striscia, compresi gli elementi di rilievo, può raggiungere 6 mm. Sia i materiali da utilizzare per la costruzione degli elementi a rilievo, che il profilo degli stessi, sono soggetti ad approvazione da parte del ministero dei Lavori pubblici - Ispettorato generale per la circolazione e la sicurezza stradale» (art. 141 del Reg.).

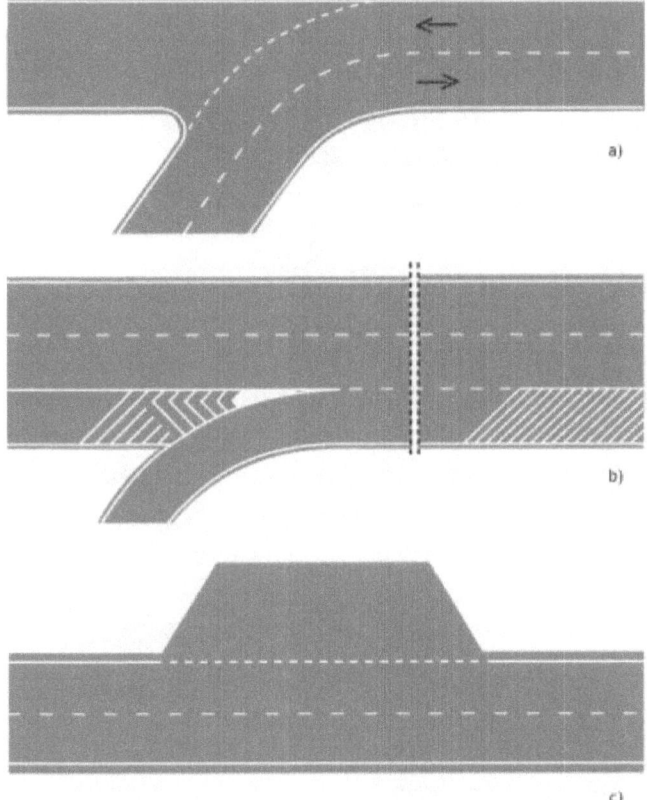

Figura 249: STRISCE DI MARGINE DELLA CARREGGIATA

☐ Strisce Di Raccordo

«*Le strisce di raccordo sono strisce continue oblique di colore bianco e vanno usate in dipendenza di variazioni della larghezza della carreggiata utilizzabile dal traffico, o delle corsie.*

L'inclinazione delle linee di raccordo rispetto all'asse stradale non deve superare il 5% per le strade urbane di quartiere e per le strade locali e il 2% per tutti gli altri tipi di strade, fatti salvi i casi in cui ciò risultasse impossibile per la presenza di intersezioni a monte.

*Le strisce di raccordo possono delimitare zone della carreggiata dalle quali si voglia **escludere il traffico**; in tal caso queste zone possono essere visualizzate mediante **zebratura**»* (art. 142 c. 1-3 del Reg.).

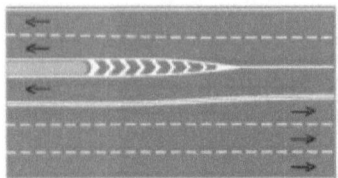

Figura 250: STRISCE DI RACCORDO

☐ Strisce Di Guida Sulle Intersezioni

«Le **strisce** di guida sulle intersezioni sono del tipo "g", di cui alla tabella dell'articolo 138, comma 3, sono curve, **discontinue**, di colore bianco e possono essere tracciate nelle aree di intersezione per guidare i veicoli in **manovra** secondo una corretta traiettoria.

Le strisce di guida sulle intersezioni possono essere tracciate altresì per indicare i limiti dell'ingombro in curva dei tram» (art. 143 del Reg).

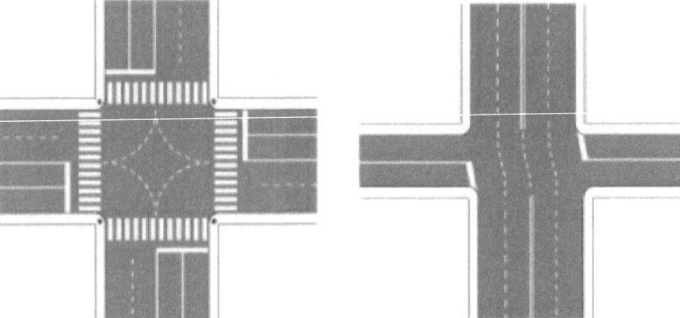

Figura 251: STRISCE DI GUIDA SULLE INTERSEZIONI

STRISCE TRASVERSALI

«Una **striscia trasversale continua** indica il limite prima del quale il conducente ha l'obbligo di arrestare il veicolo per rispettare le prescrizioni semaforiche o il segnale di "fermarsi e dare precedenza" o il segnale di "passaggio a livello" ovvero un segnale manuale del personale che espleta servizio di polizia stradale.

Una **striscia trasversale discontinua** indica il limite prima del quale il conducente ha l'obbligo di arrestare il veicolo, se necessario, per rispettare il segnale "dare precedenza"» (art. 40 c. 5-6 del Reg.).

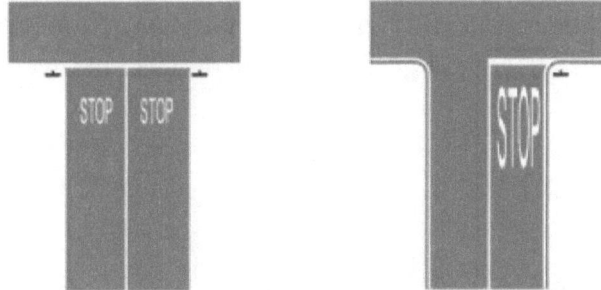

Figura 252: STRISCIA TRASVERSALE DI ARRESTO

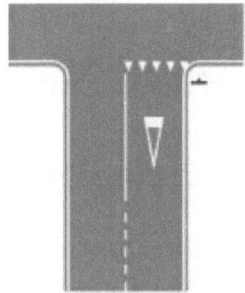

Figura 253: STRISCIA TRASVERSALE DI DARE PRECEDENZA

ALTRI SEGNALI ORIZZONTALI

☐ Attraversamenti Pedonali

«*Gli attraversamenti pedonali sono evidenziati sulla carreggiata mediante* **zebrature con strisce bianche parallele** *alla direzione di marcia dei veicoli, di lunghezza non inferiore a 2,50 m, sulle strade locali e su quelle urbane di quartiere, e a 4 m, sulle altre strade; la larghezza delle strisce e degli intervalli è di 50 cm*» (art. 145 c. 1 del Reg.).

Figura 254: ATTRAVERSAMENTI PEDONALI

☐ Attraversamenti Ciclabili

«*Gli attraversamenti ciclabili sono evidenziati sulla carreggiata mediante* **due strisce bianche discontinue**, *di larghezza di 50 cm; con segmenti ed intervalli lunghi 50 cm; la distanza minima tra i bordi interni delle due strisce trasversali è di 1 m per gli attraversamenti a senso unico e di 2 m per gli attraversamenti a doppio senso. In caso di attraversamento ciclabile contiguo a quello pedonale* *è sufficiente evidenziare con la striscia discontinua solo la parte non adiacente l'attraversamento pedonale»* (art. 146 c. 2 del Reg.).

*«In **corrispondenza degli attraversamenti pedonali** i **conducenti** dei veicoli devono **dare la precedenza** ai pedoni che hanno iniziato l'attraversamento; analogo comportamento devono tenere i **conducenti** dei veicoli nei confronti dei ciclisti in **corrispondenza degli attraversamenti ciclabili»*** (art. 40 c. 11 del C.d.S.).

Figura 255: ATTRAVERSAMENTI CICLABILI

☐ Strisce Di Delimitazione Degli Stalli Di Sosta O Per La Sosta Riservata

*«La **delimitazione degli stalli di sosta** è effettuata mediante il tracciamento sulla pavimentazione di strisce della larghezza di 12 cm formanti un **rettangolo**, oppure con strisce di delimitazione ad L o a T, indicanti l'inizio, la fine o la suddivisione degli stalli **entro i quali** dovrà essere **parcheggiato il veicolo**.*

La delimitazione degli stalli di sosta mediante strisce è obbligatoria ovunque gli stalli siano disposti a spina (con inclinazione di 45° rispetto all'asse della corsia adiacente agli stalli) ed a pettine (con inclinazione di 90° rispetto all'asse della corsia adiacente agli stalli); è consigliata quando gli stalli sono disposti longitudinalmente (parallelamente all'asse della corsia adiacente agli stalli).

*I **colori** delle strisce di delimitazione degli stalli di sosta sono:*

*a) **bianco** per gli stalli di **sosta non a pagamento**;*

*b) **azzurro** per gli stalli di **sosta a pagamento**;*

*c) **giallo** per gli **stalli di sosta riservati**.*

*Gli stalli di sosta riservati devono portare **l'indicazione**, mediante is-*

*crizione o simbolo, della **categoria** di veicolo cui lo **stallo è riservato**.*
Gli stalli di sosta riservati alle persone invalide devono essere delimi-
tati da strisce gialle e contrassegnati sulla pavimentazione dall'ap-
posito simbolo; devono, inoltre, essere affiancati da uno spazio libero
necessario per consentire l'apertura dello sportello del veicolo nonché
la manovra di entrata e di uscita dal veicolo, ovvero per consentire
l'accesso al marciapiede» (art. 149 del Reg.).

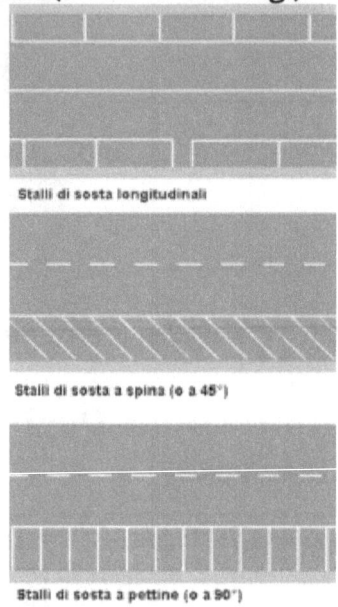

Stalli di sosta longitudinali

Stalli di sosta a spina (o a 45°)

Stalli di sosta a pettine (o a 90°)

Figura 256: STALLI DI SOSTA

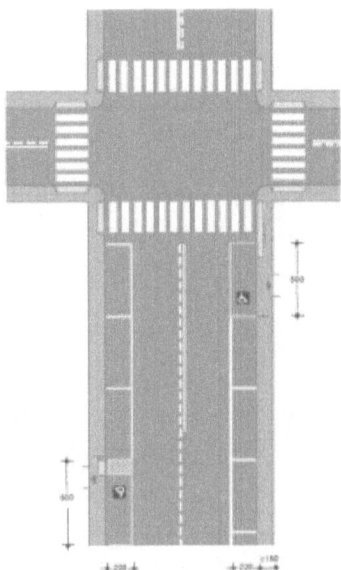

Figura 257: STALLI DI SOSTA RISERVATI

☐ Strisce Di Delimitazione Della Fermata Dei Veicoli In Servizio Di Trasporto Pubblico Collettivo Di Linea

«*Le strisce di delimitazione della* **fermata dei veicoli in servizio di trasporto pubblico collettivo di linea** *sono costituite da una striscia longitudinale gialla discontinua, posta ad una distanza minima di 2,70 m dal marciapiede o dalla striscia di margine continua, e da due strisce trasversali gialle continue che si raccordano perpendicolarmente alle precedenti; nel caso di golfi di fermata le strisce trasversali possono non essere tracciate. La larghezza delle strisce è di 12 cm.*

La zona di fermata è suddivisa in tre parti: la prima e l'ultima di lunghezza pari a 12 m, necessarie per l'effettuazione delle manovre di accostamento al marciapiede e di reinserimento nel flusso di traffico da parte del veicolo; la zona centrale deve avere una lunghezza minima pari alla lunghezza, maggiorata di 2 m, del veicolo più lungo che effettua la fermata.

La prima e l'ultima parte possono essere **evidenziate** *mediante tracciamento di una* **striscia gialla a zig zag**.

Sulla pavimentazione all'interno della zona di fermata deve essere apposta l'iscrizione BUS.

Nelle zone di fermata è vietata la sosta *dei veicoli»* (art. 151 del Reg.).

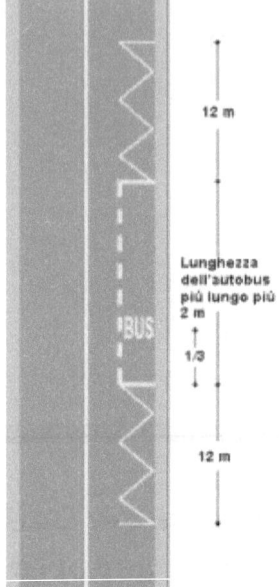

Figura 258: STRISCE DI DELIMITAZIONE DELLA FERMATA DEI VEICOLI IN SERVIZIO DI TRASPORTO PUBBLICO COLLETTIVO DI LINEA

☐ Frecce Direzionali

«Sulle strade aventi un numero sufficiente di corsie per consentire la preselezione e l'attestamento dei veicoli in prossimità di una intersezione, le corsie da riservare a determinate manovre, devono essere contrassegnate a mezzo di **frecce direzionali** *di colore bianco.*

Le frecce direzionali sono:

a) **freccia destra** *per le corsie specializzate per la* **svolta a destra;**

b) **freccia diritta** *per le corsie specializzate per l'***attraversamento diretto dell'intersezione** *per confermare il senso di marcia sulle strade a senso unico;*

c) **freccia a sinistra** *per le corsie specializzate per la* **svolta a sinistra;**

d) **freccia a destra abbinata a freccia diritta** *per le corsie special-*

izzate per la **svolta a destra e l'attraversamento diretto dell'inter-sezione;**

e) **freccia a sinistra abbinata a freccia diritta** *per le corsie spe-cializzate per la* **svolta a sinistra e l'attraversamento diretto dell'intersezione;**

f) **freccia di rientro**» (art. 147 c. 1-2 del Reg.).

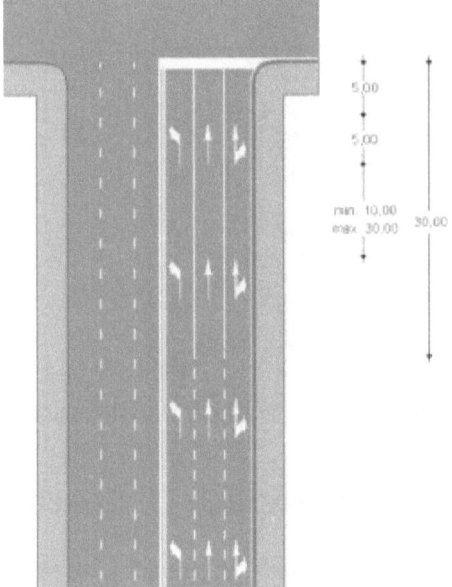

Figura 259: FRECCE DIREZIONALI

□ Frecce Di Rientro

Al termine di un tratto di strada ove è consentito il sorpasso, possono essere impiegate **in avvicinamento alla striscia con-tinua e obbligano** i conducenti a **portarsi sulla corsia indicata dalle frecce.**

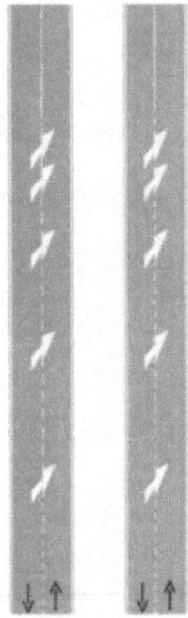

Figura 260: FRECCE DI RIENTRO

☐ Segnalazione Di Divieto Di Sosta

*«Tratti di strada lungo i quali la **sosta è vietata** possono essere indicati con segni orizzontali consistenti in segmenti alternati di colore **giallo e nero** tracciati sulla faccia **verticale** del **ciglio del marciapiede** o della parete che delimita la strada»* (art. 152 c. 3 del Reg.).

Figura 261: SEGNALAZIONE DI DIVIETO DI SOSTA

LE NORME DI CIRCOLAZIONE

PRINCIPIO INFORMATORE DELLA CIRCOLAZIONE (ART. 140 DEL C.D.S.)

«*Gli **utenti della strada** devono **comportarsi in modo da non costituire pericolo o intralcio per la circolazione*** ed in modo che sia in ogni caso **salvaguardata la sicurezza stradale**» (art. 140 c. 1 del Reg.).

VELOCITA' (ART. 141 DEL C.D.S.)

«É obbligo del conducente **regolare la velocità** del veicolo in modo che avuto riguardo alle **caratteristiche**, allo **stato** ed al **carico del veicolo stesso**, alle **caratteristiche** e alle **condizioni della strada** e **del traffico** e ad ogni **altra circostanza** di qualsiasi natura, sia evitato ogni pericolo per la sicurezza delle persone e delle cose ed ogni altra causa di disordine per la circolazione.

Il conducente deve sempre conservare il controllo del proprio veicolo ed essere in grado di compiere tutte le manovre necessarie in condizione di sicurezza, specialmente l'arresto tempestivo del veicolo entro i limiti del suo campo di visibilità e dinanzi a qualsiasi ostacolo prevedibile.

In particolare, il conducente deve regolare la velocità nei tratti di strada a **visibilità limitata**, nelle curve, in **prossimità** delle **intersezioni** e delle **scuole** o di altri **luoghi frequentati da fanciulli** indicati dagli appositi segnali, nelle **forti discese**, nei passaggi **stretti** o **ingombrati**, nelle ore **notturne**, nei casi di **insufficiente visibilità** per condizioni atmosferiche o per altre cause, nell'attraversamento degli **abitati** o comunque nei **tratti di strada fiancheggiati da edifici**.

Il conducente deve, altresì, ridurre la velocità e, occorrendo, anche fermarsi quando riesce malagevole l'incrocio con altri veicoli, in prossimità degli attraversamenti pedonali e, in ogni caso, quando i pedoni che si trovino sul percorso tardino a scansarsi o diano segni di incertezza e quando, al suo avvicinarsi, gli animali che si trovino sulla strada diano segni di spavento.

Il conducente non deve gareggiare in velocità.

Il conducente non deve circolare a velocità talmente ridotta da costituire intralcio o pericolo per il normale flusso della circolazione.

All'osservanza delle disposizioni del presente articolo è tenuto anche il conducente di animali da tiro, da soma o da sella» (art. 141 c. 1-7 del C.d.S.).

☐ Distanza Di Arresto Del Veicolo

Il conducente deve sempre essere in grado di **compiere** tutte le **manovre** necessarie in **condizioni di sicurezza e conservare il controllo del proprio veicolo**. Specialmente, deve essere in grado di poter **arrestare tempestivamente** il veicolo davanti a qualsiasi **ostacolo prevedibile entro i limiti** del suo **campo di visibilità**. Quindi, per non costituire pericolo, la **distanza di visibilità** deve essere sempre **superiore** allo **spazio totale di frenata**.

La **distanza di arresto** è la **somma** di due spazi:

1) spazio **percorso** dal veicolo durante il **tempo di reazione** del conducente, cioè il tempo che intercorre tra l'istante in cui il conducente **percepisce il pericolo** e quello in cui **interviene sul pedale del freno**;

2) spazio percorso dal veicolo durante l'**azione frenante fino all'arresto (spazio di frenatura)**.

Lo **spazio percorso durante il tempo di reazione** dipende dalla **prontezza di riflessi** del conducente e dalla velocità del veicolo. Un conducente in buone condizioni ha un tempo di reazione medio di **circa 1 secondo**.

Per calcolare tale distanza bisogna trasformare la velocità percorsa da chilometri orari (km/h) a metri al secondo (m/s).

Dato che 1 km = 1.000 m e 1 h = 3.600 s

Di conseguenza 1km/h = 1.000m/3.600s = (1/3,6)(m/s)

Ne consegue che 1m/s = 3,6km/h

Perciò, per passare da km/h a m/s bisogna dividere per 3,6.

Ad esempio, a 50 km/h, in un secondo si percorreranno circa:

50 / 3,6 = 13,88 = 14 metri circa.

Lo **spazio di frenatura dipende** da:
-        bravura del conducente nel frenare senza bloccare le ruote;
-    massa del vicolo;
-    pendenza della strada;
-    coefficiente d'attrito tra pneumatici e strada;
-    freno motore;
-    velocità del veicolo.

È impossibile calcolare con esattezza lo **spazio di frenatura** perché i fattori da tenere in considerazione sono veramente tanti.

Il valore dello **spazio di frenatura** aumenta all'aumentare della velocità, della massa, della pendenza in discesa e se si bloccano le ruote. Mentre diminuisce se è maggiore il freno motore, il coefficiente d'attrito tra pneumatici, la pendenza in salita e non si bloccano le ruote.

☐ Distanza Di Sicurezza Tra Veicoli (Art. 149 Del C.d.s.)

*«Durante la marcia i veicoli devono tenere, rispetto al veicolo che precede, una **distanza di sicurezza** tale che **sia garantito in ogni caso l'arresto tempestivo e siano evitate collisioni** con i veicoli che precedono.*

*Fuori dei centri abitati, quando sia stabilito un divieto di sorpasso solo per alcune categorie di veicoli, tra tali veicoli deve essere mantenuta una distanza non inferiore a 100 m. Questa disposizione non si osserva nei tratti di strada con due o più corsie per senso di marcia. Quando siano in azione macchine sgombraneve o spartitrici, i veicoli devono procedere con la **massima cautela**. La **distanza di sicurezza** rispetto a tali macchine non deve essere comunque inferiore a **20 m**. I veicoli che procedono in senso opposto sono tenuti, se necessario, ad arrestarsi al fine di non intralciare il lavoro»* (art. 149 c. 1-3 del C.d.S.).

☐ Limiti Di Velocita' (Art. 142 Del C.d.s.)

«Ai fini della sicurezza della circolazione e della tutela della vita umana la **velocità massima** non può superare i **130 km/h per le autostrade**, i **110 km/h per le strade extraurbane principali**, i **90 km/h per le strade extraurbane secondarie e per le strade extraurbane locali**, ed i **50 km/h per le strade nei centri abitati**, con la possibilità di elevare tale limite fino ad un massimo di 70 km/h per le strade urbane le cui caratteristiche costruttive e funzionali lo consentano, previa installazione degli appositi segnali. Sulle **autostrade a tre corsie** più corsia di emergenza per ogni senso di marcia, dotate di apparecchiature debitamente omologate per il calcolo della velocità media di percorrenza su tratti determinati, gli **enti proprietari** o concessionari possono **elevare il limite** massimo di velocità **fino a 150 km/h** sulla base delle caratteristiche progettuali ed effettive del tracciato, previa installazione degli **appositi segnali**, sempreché lo consentano l'intensità del traffico, le condizioni atmosferiche prevalenti ed i dati di incidentalità dell'ultimo quinquennio. In caso di **precipitazioni atmosferiche** di qualsiasi natura, la velocità massima non può superare i **110 km/h per le autostrade** ed i **90 km/h per le strade extraurbane principali**» (art. 142 c. 1 del C.d.S.).

☐ Limiti Di Velocita' Per Particolari Categorie Di Veicoli

«Le seguenti categorie di veicoli non possono superare le velocità sotto indicate:

a) **ciclomotori: 45 km/h**;

b) **autoveicoli** o **motoveicoli** utilizzati per il **trasporto delle merci pericolose** rientranti nella classe 1 figurante in allegato all'accordo di cui all'articolo 168, comma 1, quando viaggiano carichi: **50 km/h** fuori dei centri abitati; **30 km/h** nei centri abitati;

c) **macchine agricole e macchine operatrici: 40 km/h** se montati su pneumatici o su altri sistemi equipollenti; **15 km/h** in tutti gli altri casi;

d) **quadricicli: 80 km/h** fuori dei centri abitati;

e) **treni** costituiti da un **autoveicolo** e da un rimorchio di cui alle *lettere h), i) e l) dell'art. 54, comma 1: **70 km/h** fuori dei centri abi-tati; **80 km/h** sulle autostrade;*

*f) **autobus e filobus di massa complessiva a pieno carico superiore a 8 t**: **80 km/h** fuori dei centri abitati; **100 km/h** sulle autostrade;*

*g) **autoveicoli destinati al trasporto di cose** o ad altri usi, di massa complessiva a pieno carico **superiore a 3,5 t e fino a 12 t**: **80 km/h** fuori dei centri abitati; **100 km/h** sulle autostrade;*

*h) **autoveicoli destinati al trasporto di cose** o ad altri usi, di massa complessiva a pieno carico **superiore a 12 t**: **70 km/h** fuori dei centri abitati; **80 km/h** sulle autostrade;*

*i) **autocarri di massa complessiva a pieno carico superiore a 5 t** se adoperati per il trasporto di persone ai sensi dell'art. 82, comma 6: **70 km/h** fuori dei centri abitati; **80 km/h** sulle autostrade;*

*l) **mezzi d'opera quando viaggiano a pieno carico**: **40 km/h** nei centri abitati, **60 km/h** fuori dei centri abitati»* (art. 142 c. 3 del C.d.S.).

POSIZIONE DEI VEICOLI SULLA CARREGGIATA (ART. 143 DEL C.D.S.)

«*I veicoli devono circolare sulla parte destra della carreggiata* e in *prossimità del margine destro* della medesima, anche quando la strada è libera.

I veicoli sprovvisti di motore e gli *animali* devono essere tenuti il *più vicino possibile al margine destro* della carreggiata*»* (art. 143 c. 1-2 del C.d.S.).

☐ Carreggiata A Due O Piu Corsie Per Ogni Senso Di Marcia

«*Salvo diversa segnalazione, quando una carreggiata è a due o più corsie per senso di marcia, si deve percorrere la corsia più libera a destra; la corsia o le corsie di sinistra sono riservate al sorpasso*» (art. 143 c. 5 del C.d.S).

☐ Strada Divisa In Due O Tre Carreggiate Separate

«*Quando una strada è divisa in due carreggiate separate, si deve percorrere quella di destra; quando è divisa in tre carreggiate separate, si deve percorrere quella di destra o quella centrale, salvo di-*

versa segnalazione» (art. 143 c. 4 del C.d.S).

☐ Circolazione All'interno Dei Centri Abitati

«All'interno dei centri abitati, salvo diversa segnalazione, quando una carreggiata è a due o più corsie per senso di marcia, si deve percorrere la corsia libera più a destra; la corsia o le corsie di sinistra sono riservate al sorpasso. Tuttavia i conducenti, qualunque sia l'intensità del traffico, possono impegnare la corsia più opportuna in relazione alla direzione che essi intendono prendere alla successiva intersezione, i conducenti stessi non possono peraltro cambiare corsia se non per predisporsi a svoltare a destra o a sinistra, o per fermarsi, in conformità delle norme che regolano queste manovre, ovvero per effettuare la manovra di sorpasso che in tale ipotesi è consentita anche a destra» (art. 143 c. 7 del C.d.S.).

☐ Circolazione Su Strade Con Binari Del Tram A Raso

«Nelle **strade con binari tramviari a raso,** *i veicoli* **possono procedere sui binari stessi** *purché, compatibilmente con le esigenze della circolazione,* **non ostacolino o rallentino la marcia dei tram,** *salva diversa segnalazione.*
Nelle strade con **doppi binari tramviari a raso, entrambi su di un lato della carreggiata,** *i veicoli possono* **marciare a sinistra della zona interessata dai binari,** *purché rimangano sempre* **entro la parte della carreggiata** *relativa al loro senso di circolazione.*
Ove la **fermata dei tram o dei filobus sia corredata da apposita isola salvagente** *posta a destra dell'asse della strada, i veicoli,* **salvo diversa segnalazione** *che imponga il passaggio su un lato determinato,* **possono transitare indifferentemente a destra o a sinistra del salvagente,** *purché rimangano* **entro la parte della carreggiata** *relativa al loro senso di circolazione e purché non comportino* **intralcio al movimento dei viaggiatori»** *(art. 143 c. 8-10 del C.d.S.).*

☐ Circolazione Dei Veicoli Per File Parallele (Art. 144 Del C.d.s.)

«La *circolazione per file parallele è ammessa* nelle carreggiate ad *almeno due corsie per ogni senso di marcia*, quando la densità del traffico è tale che i veicoli occupano tutta la parte della carreggiata riservata al loro senso di marcia e si muovono ad una velocità condizionata da quella dei veicoli che precedono, ovvero in tutti i casi in cui gli agenti del traffico la autorizzano. É ammessa, altresì, lungo il *tronco stradale adducente a una intersezione controllata da segnali luminosi o manuali*; in tal caso, al segnale di via libera, essa deve *continuare anche nell'area di manovra* dell'intersezione stessa.

Nella *circolazione per file parallele* è consentito ai conducenti di veicoli, esclusi i veicoli non a motore ed i ciclomotori, di *non mantenersi presso il margine della carreggiata*, pur *rimanendo* in ogni caso nella *corsia prescelta*.

Il *passaggio da una corsia all'altra è consentito, previa la necessaria segnalazione,* soltanto quando si debba *raggiungere la prima corsia di destra per svoltare a destra*, o l'*ultima corsia di sinistra per svoltare a sinistra*, ovvero per effettuare una *riduzione di velocità* o una *volontaria sospensione della marcia al margine della carreggiata*, quando ciò non sia vietato. I conducenti che si trovano nella prima corsia di destra, possono, inoltre, spostarsi da detta corsia quando devono superare un veicolo senza motore o comunque assai lento, sempre previa la necessaria segnalazione» (art. 144 c. 1-3 del C.d.S).

CAMBIO DI DIREZIONE O DI CORSIA (ARTT. 154 DEL C.D.S. E 349 DEL REG.)

«*I conducenti che intendono eseguire una manovra per immettersi nel flusso* della circolazione, per *cambiare direzione o corsia*, per *invertire il senso* di marcia, per *fare retromarcia*, per *voltare* a destra o a sinistra, per *impegnare un'altra strada*, o per *immettersi in un luogo non soggetto a pubblico passaggio*, ovvero per *fermarsi*, devono:

a) *assicurarsi* di poter *effettuare* la *manovra senza creare pericolo* o *intralcio* agli altri utenti della strada, tenendo conto della posizione, distanza, direzione di essi;

b) *segnalare* con sufficiente anticipo la loro *intenzione*» (art. 154 c. 1 del C.d.S.).

☐ Segnalazioni Delle Manovre

«*Le segnalazioni delle manovre devono esser effettuate servendosi degli appositi indicatori luminosi di direzione. Tali segnalazioni devono continuare per tutta la durata della manovra e devono cessare allorché essa è stata completata. Con gli stessi dispositivi deve essere segnalata anche l'intenzione di rallentare per fermarsi. Quando i detti dispositivi manchino, il conducente deve effettuare le segnalazioni a mano, alzando verticalmente il braccio qualora intenda fermarsi e sporgendo, lateralmente, il braccio destro o quello sinistro, qualora intenda voltare»* (art. 154 c. 2 del C.d.S.).

☐ Svolta A Destra, A Sinistra, Retromarcia E Immissione

«I conducenti devono, altresì:
*a) per **voltare a destra**, tenersi **il più vicino possibile sul margine destro** della carreggiata;*
*b) per **voltare a sinistra**, anche per immettersi in luogo non soggetto a pubblico passaggio, **accostarsi** il più possibile all'**asse della carreggiata** e, qualora si tratti di intersezione, eseguire la **svolta in prossimità del centro della intersezione** e **a sinistra di questo**, salvo diversa segnalazione, ovvero quando si trovino su una **carreggiata a senso unico** di circolazione, tenersi **il più possibile sul margine sinistro della carreggiata**. In entrambi i casi i conducenti **non devono imboccare l'altra strada contromano** e devono usare la massima prudenza;*
*c) nelle **manovre di retromarcia** e di **immissione** nel flusso della circolazione, **dare la precedenza** ai veicoli in marcia normale»* (art. 154 c. 3 del C.d.S.).

☐ Inversione Del Senso Di Marcia

*«**L'inversione del senso di marcia è vietata** in **prossimità** o in corrispondenza delle **intersezioni**, delle **curve** e dei **dossi**»* (art. 154 c. 6 del C.d.S.).
«Nelle aree urbane la manovra di inversione ad "U" è vietata quando per compierla è necessario attraversare la mezzeria della strada segnata con striscia longitudinale continua; è parimenti vietata in corrispondenza dei bracci di strada adducenti alle aree di intersezione, oltre che negli altri casi previsti dall'articolo 154, comma 6, del Codice» (art. 349 del Reg.).

PRECEDENZA (ART. 145 DEL C.D.S.)

«I conducenti, approssimandosi ad una intersezione, devono usare la massima prudenza al fine di evitare incidenti.

Quando **due veicoli stanno per impegnare una intersezione**, ovvero laddove le loro traiettorie stiano comunque per intersecarsi, si ha **l'obbligo di dare la precedenza a chi proviene da destra**, salvo diversa segnalazione.

Negli attraversamenti di linee ferroviarie e tramviarie i conducenti hanno l'obbligo di dare la precedenza ai veicoli circolanti su rotaie, salvo diversa segnalazione.

I conducenti devono dare la precedenza agli altri veicoli nelle intersezioni nelle quali sia così stabilito dall'autorità competente ai sensi dell'art. 37 e la prescrizione sia resa nota con apposito segnale.

I conducenti sono tenuti a fermarsi in corrispondenza della striscia di arresto, prima di immettersi nella intersezione, quando sia così stabilito dall'autorità competente ai sensi dell'art. 37 e la prescrizione sia resa nota con apposito segnale.

Negli sbocchi su strada da luoghi non soggetti a pubblico passaggio i conducenti hanno l'obbligo di arrestarsi e dare la precedenza a chi circola sulla strada.

É vietato impegnare una intersezione o un attraversamento di linee ferroviarie o tramviarie quando il conducente non ha la possibilità di proseguire e sgombrare in breve tempo l'area di manovra in modo da consentire il transito dei veicoli provenienti da altre direzioni.

Negli sbocchi su strada di sentieri, tratturi, mulattiere e piste ciclabili è fatto obbligo al conducente di arrestarsi e dare la precedenza a chi circola sulla strada. L'obbligo sussiste anche se le caratteris-

tiche di dette vie variano nell'immediata prossimità dello sbocco sulla strada.

I conducenti di veicoli su rotaia devono rispettare i segnali negativi della precedenza» (art. 145 c. 1-9 del C.d.S).

CONVOGLI MILITARI, CORTEI E SIMILI (ART. 163 DEL C.D.S.)

«*É vietato interrompere convogli di veicoli militari, delle forze di polizia o di mezzi di soccorso* segnalati come tali, è vietato altresì inserirsi tra i veicoli che compongono tali convogli.

É vietato interrompere **colonne di truppe o di scolari, cortei e processioni**» (art. 163 c. 1-2 del C.d.S.).

CIRCOLAZIONE DEGLI AUTOVEICOLI E DEI MOTOVEICOLI ADIBITI A SERVIZI DI POLIZIA O ANTINCENDIO E DELLE AUTOAMBULANZE (ART. 177 DEL C.D.S.)

«L'uso del dispositivo acustico supplementare di allarme e, qualora i veicoli ne siano muniti, **anche del dispositivo supplementare di segnalazione visiva a luce lampeggiante blu** è consentito ai conducenti degli autoveicoli e motoveicoli adibiti a **servizi di polizia o antincendio** e di protezione civile come individuati dal Ministero delle infrastrutture e dei trasporti su proposta del Dipartimento della protezione civile della Presidenza del Consiglio dei Ministri, a quelli del Corpo nazionale soccorso alpino e speleologico del Club alpino italiano, nonché degli organismi equivalenti, esistenti nella regione Valle d'Aosta e nelle province autonome di Trento e di Bolzano, a quelli delle **autoambulanze** e veicoli assimilati adibiti al trasporto di plasma ed organi, solo per l'espletamento di servizi urgenti di istituto.

I predetti veicoli assimilati devono avere ottenuto il riconoscimento di idoneità al servizio da parte del Dipartimento per i trasporti terrestri. L'uso dei predetti dispositivi è altresì consentito ai conducenti delle autoambulanze, dei mezzi di soccorso anche per il recupero degli animali o di vigilanza zoofila, nell'espletamento dei servizi urgenti di istituto, individuati con decreto del Ministro delle infrastrutture e dei trasporti. Con il medesimo decreto sono disciplinate le condizioni alle quali il trasporto di un animale in gravi condizioni di salute può essere considerato in stato di necessità, anche se effettuato da privati, nonché la documentazione che deve essere esibita, eventualmente successivamente all'atto di controllo da parte delle autorità di polizia stradale di cui all'articolo 12, comma 1. Agli incroci regolati, gli agenti del traffico provvederanno a concedere immediatamente la via libera ai veicoli suddetti.

*I conducenti dei veicoli di cui al comma 1, nell'espletamento di servizi urgenti di istituto, qualora usino congiuntamente il dispositivo acustico supplementare di allarme e quello di segnalazione visiva a luce lampeggiante blu, **non sono tenuti a osservare** gli obblighi, i divieti e le limitazioni relativi alla circolazione, le prescrizioni della segnaletica stradale e le norme di comportamento in genere, **ad eccezione delle segnalazioni degli agenti** del traffico e nel rispetto comunque delle regole di **comune prudenza e diligenza**.*

*Chiunque **si trovi sulla strada percorsa** dai veicoli di cui al comma 1, o sulle strade adiacenti in prossimità degli sbocchi sulla prima **appena udito il segnale acustico** supplementare di allarme, ha l'**obbligo dl lasciare libero il passo** e, **se necessario, di fermarsi.** É **vietato seguire da presso** tali veicoli **avvantaggiandosi** nella progressione di marcia»* (art. 177 c. 1-3 del C.d.S.).